資産4倍にした気象予報士が教える

株は「ゲリラ豪雨」で買い、「平均気温」で儲ける！

日本気象協会
森和夫

ビジネス社

給料は上がらないけど、かといってやりたい副業があるわけでもないし……。やっぱ投資しかないのかもしれないけど、不動産をやるほど資金はないしね。あとは株かぁ。暴落とかで一瞬でお金を失うのもイヤだしなぁ。どうすりゃいいんだろう？

やっぱり株しかありませんよ。ただし、アナタの言うとおり、素人が下手に手を出すと、痛い目にあうこともあります。ここは、ワタシのようなプロの話をきちんと聞いて、言うとおりにやれば間違いなく儲けられますよ。

あなたは誰？

なんと、ワタシのことを知らないとはいやはや……。ワタシは投資の世界では知らない人などいない「ミスターマーケット」です。市場の動きを見て、ビシッと売りバシッと買うタイミングを、一番よくわかっている人間です。

ちょっと、待ちなさい！

今度は誰ですか？

私はミセスウェザー。個人投資家にして気象予報士よ。あなたと同じくイチから株を研究して、投資の本質に気づいたの。株で大事なのは市場の動きじゃないって。

よくわからないけど、とりあえず話だけでも聞いてみるか。なにかしらヒントになることもあるだろうし。

ではワタシが、金持ちの王道へとご案内しましょう。まずは、儲かる株がすぐわかるチャートの読み方から……。

だから、なに言ってるのよ。そんなのじゃなく、日本人にピッタリの投資方法があるの。それをこれから、わかりやすく説明していくわね！

はじめに

なぜ気象予報士の私が株式投資について語るのか？

これから皆さんにお話しするのは、私たち日本人が毎日、自然と気にする天気と、「お金儲け」のためのきわめて重要な手段のひとつである投資活動が、実は密接に結びついているということです。この結びつきのメカニズムを知っていただき、みんなで資産を着実に増やしていく。これが、この本で私が一番言いたいことです。

私は大学時代の4年間、気象学を専攻し、主に20世紀の約100年間において、平均気温の急激な上昇や下降があった事例について調査・研究していました。

卒業後は、テレビやラジオで皆さんもおなじみであろう「一般財団法人日本気象協会」に入社。メディア出演や気象予測の部署、気象情報をお客さまに届けるシステム部門、それから営業部門、そして現在の会社のお金を管理する財務部門など、多くの部署を経験してきました。このように、大学時代からサラリーマン生活に至るまで、一貫して気象にかかわっています。

一方、仕事のかたわら、約15年前から個人投資家として投資を始めましたが、当初はまったくうまくいきませんでした。タイトルにもある「資産を4倍にする！」どころか、結果は大きく資産を減らしてしまったのです。

このときは大いに焦りました。だが、意気消沈を繰り返している日々のなか、ふと「あること」に気づきました。それは、**「気象学と経済学は似ている点が多い！」**ということ。

投資や企業経営の勉強をしていると、「リスク」や「標準偏差」「確率」という言葉によく出くわします。それらの概念は、かつて大学で勉強した気象学、あるいは今、会社で扱っている天気予報、企業などへの気象情報の提供、あるいはお客さまとの会話において、「当たり前のように日常的に使っているな」と気づいたのです。

「投資と気象との共通法則を探し出し、それをうまく使えば投資もうまくいくかもしれない。また、本業の気象ビジネスにおいても、よりよいアイデアが生み出せる気がする……」

そう考えた私は、改めて天気と投資の共通点探しをしてみました。すると、**投資の世界にも、まるで気象のジャンルで見られるような「平均回帰」「ゲリラ豪雨」のような法則、現象があることがわかった**のです。これらの特徴に注目して確立したのが、本書でご紹介する投資法です。

私は、この投資法を実践することで、いわゆる「負け組」から脱することができ、当初考えていた以上の資産形成ができるようになりました。おかげさまで、平均10％、近年実績16・5％のリターンを実現し、資産も投資開始当初の4倍に増加。その資金をもとに、50歳の手前で住宅ローンも完済することができました。

さて、この「はじめに」の前ページに掲載した会話。彼らはそれぞれ

初心者カズオ

ミスターマーケット

ミセスウェザー

と私が（半ば）勝手に名づけています。

「ミスターマーケット」という名前は、投資に関心のある方なら耳にしたことがあるかもしれませんね。バリュー投資の大家で、かのウォーレン・バフェットの師匠でもあるベンジャミン・グレアムが自著で紹介した架空の人物です。

ミスターマーケットはしつこく株を買わせよう、もしくは売らせようと言い寄ってきて、ときにハチャメチャな株価を提示したりして、投資家の心をかく乱します。実は、ミスターマーケットの正体は、株式市場そのものです（本書ではちょっとワルっぽく脚色しましたが……）。

一方の「ミセスウェザー」を知っている方はいないでしょう。なぜなら、彼女は私が創造したキャラクターですから。筆者である私は男性ですが、ミセスウェザーは私の分身だと思ってください。

彼女はミスターマーケットのように騒がしくなく、株式市場で多少の暴風が吹き荒れても「ま、そんなこともあるわよね」といちいち気にしない人物。やがて晴れの日が来るのを確実にわかっていますから、むしろ、**みんなが右往左往している大荒れ模様のときこそ儲けのチャンス**だと見抜いています。

そして「初心者カズオ」は、試行錯誤して損ばかり出していた昔の私です（笑）。

本書では、初心者なら抱くであろう疑問をカズオに語らせ、〝プロ〟と称するミスターマーケット、そして主人公であるミセスウェザーとのやり取りから、投資のポイントへの説明に入ります。読み進めるうちに、皆さんも市場に惑わされない投資術を身につけ、投資成績を向上させることができるはずです。

大丈夫、なにも難しいことはありません。日々の株価をこまめにチェックする、チャートを丹念に追うなどといった面倒な作業はしなくてＯＫ。投資初心者でも簡単に取り組むことができる考え方、アイデアをたっぷりと紹介していきます。

私のような金融の専門家でもないサラリーマン投資家ができる簡単な投資法ですの

で、ぜひミセスウェザーの投資法に耳を傾けて、将来の資産形成にお役立ていただけたれば幸いです。

それでは、みんなで一緒に明るい未来を築いていきましょう。

一般財団法人日本気象協会・気象予報士　森和夫

目次

第1章 天気と投資の「共通法則」から見えた株式投資必勝法
～放っておいても必ず春には桜が咲く～

第2章 資産を守って増やす「平均気温戦略」から始める

～いつまでも気温35℃超えの〝猛暑日〟は続かない～

第3章 株は「ゲリラ豪雨」を狙え！

～どしゃ降りの後ほど青空はまぶしく輝く！～

巻末

レベル別オススメ銘柄12

株式投資はリスクをともないます。十分にリスクを勘案したうえで、読者の皆さまの責任において投資の判断をするようお願いいたします。本書を参考にした投資による、いかなる結果に対しましても、著者、出版元ともに一切責任を負いません。あらかじめご了承ください。

また、本書の内容は個人の見解であり、所属する組織の公式見解ではありません。

第1章

天気と投資の「共通法則」から見えた株式投資必勝法

～放っておいても必ず春には桜が咲く～

1-1. 天気と投資を結ぶ「ヘイキンカイキ」というおまじない

うーん、とりあえず株を始めたいんだけど、どうもうまくいきそうなイメージがなくて……。サクッと儲かる投資法って、ないもんかなあ……」

なにごともモチはモチ屋だから教えてあげますよ。そんなの簡単。株価が上がっているなら乗り遅れないように。そこが買い時です。

いきなり根拠のないセールストークが始まったわね。投資の原理原則は、「一瞬一瞬の動きに惑わされないこと」。これが一番大事なのよ！

本書を手に取られた皆さんは、天気と投資がどうつながるのか、興味をお持ちだと思います。「はじめに」でも書いたように、そのつながりはいろいろとあるのですが、一番大きな視点から言えば、

「日ごろ、四季折々の天気に接するような、ゆったりとした心持ちで投資をすれば、きっとうまくいく」

ということになるでしょう。

気象予報士兼個人投資家として日々実感していること、それは**天気のように身近なことをヒントにすることで、意外に気づかなかった「投資において本当に大事なこと」を改めて知ることができる**ということなのです。

実際に利益を上げるためのテクニックももちろん必要ですが、それに先立ってまずは「勝つ」ための土台を作ることが重要。なにごとも原理原則を知らなければ、どんなテクニックも生かすことはできません。

それでは、この原理原則とはいったいなんでしょうか。

それは、

「物事はその場その場の一瞬ではなく、長期的な視点で見なければいけない」

ということ。

投資を始めた当初はまったく気づきませんでしたが、ある日、自分が日々向き合っている気象学から考えれば、これはしごく当然のことだと思い知らされました。

この投資と天気をつなぐキーワードは**「カオス」**です。もともとはギリシャ神話に登場する神の名前で、現在は「秩序のない複雑な状態」「混沌」を表す言葉として使われています。

実は天気と投資は、同じ「カオス現象」というジャンルに属しています。

カオス現象の特徴は、すなわち

- ランダムに動くために未来が予測できない
- 突然、極端な現象が起きることがある
- 小さい範囲で見ると極端だが、大きな流れで見るとならされる

といったことになります。

気象では、**「フェーン現象」**や**「ゲリラ豪雨」**のような、局地的で激しい現象が起きます。

株式市場でも、数年に一度は大きな暴落が起き、多くの人々が損失を出しています。

天気も投資も、こうした突発的な出来事は「いつか起こる」とわかっていても、いつ、どのくらいの規模で起こるかを正確に予測することは非常に困難です。

しかしながら、そういった極端なことはあくまで例外的な出来事にすぎません。

たとえば、季節の移り変わりを考えてみてください。

「今年はかなりの冷夏だ」

「例年より花粉の量がグンと増えるから、花粉症の方は気をつけて！」

ということはありますが、あくまでも**「平年に比べて」**です。ちなみに、「平年値」の定義は、過去30年という長期間の平均を取った値のこと（P72図を参照）。

サイコロを1回や2回振ったぐらいでは、「1」の目が出る確率が6分の1であることを実感できないように、**平均気温や花粉の量も短期的な視点では信頼できる数値には落ち着きません。**

これを逆にいうと、長期的な視点で見れば、カオス現象もやがて平均値に必ず回帰

フェーン現象とは?

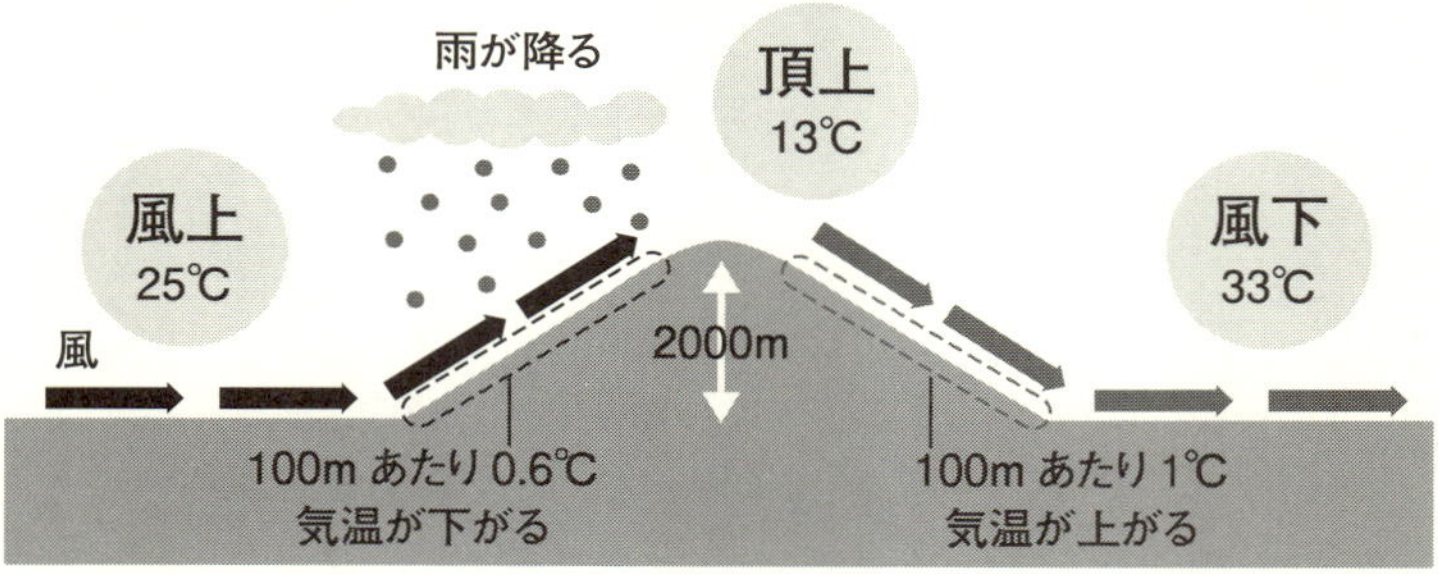

ゲリラ豪雨が降る仕組み

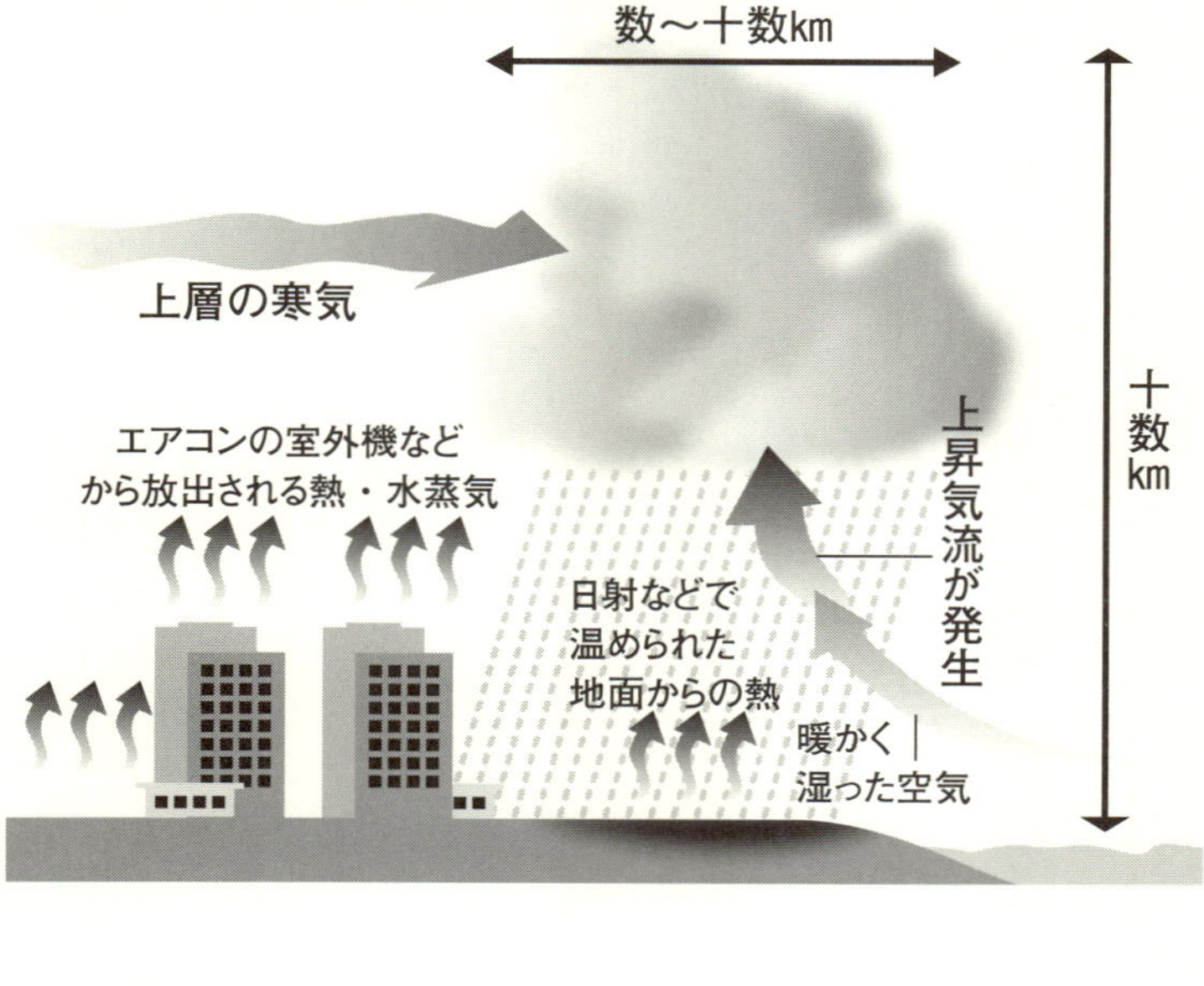

していくということ。これを**「平均回帰の法則」**といいます。

短期的な現象よりも信頼できる「平均回帰の法則」は、前述のように気象はもとより株式市場、つまり株価の動きからも読み取ることができます。どしゃ降りや暴風、カミナリがいつまでも続かないように、**爆上げやバブルのような値動き、あるいはそれを言葉巧みに表現したミスターマーケットによる「甘い誘い」の効果も長続きしません。**

だからこそ投資初心者は、この原理原則をまずは押さえておくべきなのです。

1-2. 天気も投資も、統計や確率がモノを言う世界

たしかに「平均回帰」という法則はわかりました。ただ、短期的なリスクや、あるいは売り時、買い時などはどう考えればいいのかなぁ？

そんなことは、素人が考えるだけムダです。プロの話をきちんと聞いて、そのうえで「行ける！」と思ったら買い、「ヤバい！」と思ったら売りとなります。それさえ守っていれば大丈夫です。

それは、ただのギャンブル。投資はシステマティックにやるのが一番ラクなの。そのためには統計や確率のことを頭に入れておかないとね。今から、必要最低限のことだけ教えるわ。

真ん中の68%を見極めよう

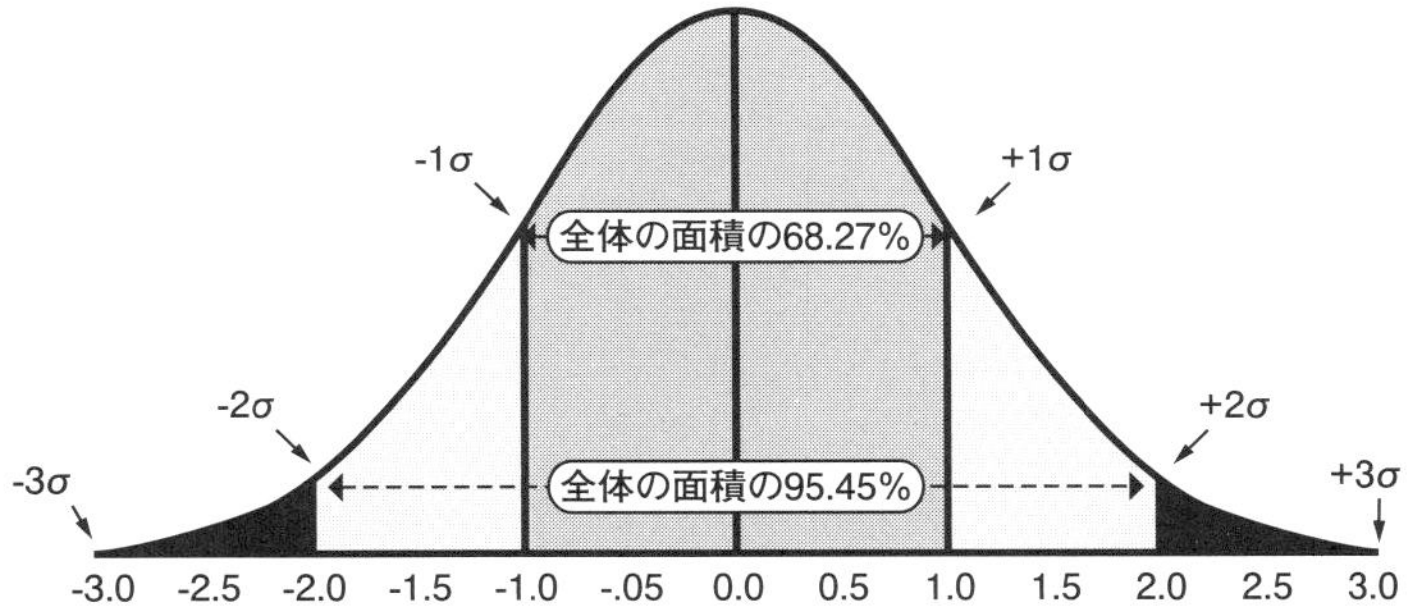

天気と投資には、「長期的には平均回帰する」という法則以外にも共通点があります。それは**「統計」や「確率」がモノをいう**点です。

天気と投資のいずれも、過去のデータをもとにして、将来の不確実さを確率で表現します。まさに「明日の降水確率は30％です」という、よく聞く天気予報が典型です。これと株式投資とどう関係があるのか。大事なことなので少しお付き合いを。

まず、上の図を見てください。このような分布を「正規分布」といいます。

真ん中の高い山の部分が平均値です。また、横幅を見ることで平均からどれくらいはずれているかがわかります。山の裾野が広がっていればいるほど、平均からズレた現象が起きやすい、つまり、このような状況のことを指して「リスクが高い」と言うわけです。

図のなかに、±1σ（プラスマイナス1シグマと呼びます）、±2σ、±3σと書いてあるところがありますね。1から始まり、数字が大きくなるにしたがって（1シグマから3シグマに行くにしたがって）、起きる確率も低くなることを表しています。±1σの濃い部分は全体の面積のうち、68・3％（つまり、およそ3分の2）が含まれています。そして±2σ、±3σではおのおの、95・5％、99・7％が含まれています。

過去の気象や株価のデータからこのような図を作成すると、これから将来、どれくらいの頻度とどれくらいの大きさで、気象状況の変化や株の動きが起きるか想定することができるようになっています。

よく「個別株はリスクが高い」、「リスクの低いインデックス投資がオススメ」などという言葉を聞くと思いますが、これは個別株のほうがインデックスファンドより値動きのばらつきが大きいということ。先の図でいうと、個別株の場合、山が左右に広がっており、ある期間の最高値と最安値の開きが大きくなります。

リスクが高い株式ばかり保有しているデメリットは、いつも激しく株価が上下するので資産が安定しないというリスクが高いこと。

一方、インデックスファンドの場合、投資先にたくさんの株式を組み入れることでばらつきを抑えているのでリスクを低減できます。

皆さんが「降水確率が90％なら確実に傘を持っていこう」と考えるように、株のリスクの高さも、数値で具体的に体感することが大事。戦略や哲学もなく「なんとなく」という〝気分〟で、投資していたら、成功は遠のくばかりなのです。

リスクの高い個別株でどう勝負し、どうリスク回避するか、あるいはインデックス投資をうまく併用してどのようにリスクヘッジをしていくべきなのか。これから、さらに詳しく説明していきます。

1-3. 『枕草子』ですでに説明されていた投資への心がまえ

うわっ、気になる銘柄をちょっと追いかけてみたら、早速株価がダダ下がりだよ……。実際には早く売るしかないのかなぁ。これだから株は怖いんだよ。

こういう場合は、さっさと手仕舞いです。「損切り」って言葉、ご存じでしょうか。下がったら売って被害は食い止める。それから、相場の様子を見て出直しです。

なにが「相場の様子を見て」よ。カズオ君も、ちょっと値が下がったからってオロオロしないの。株価の動きにいちいち反応している人ほど、誰かさんみたいな悪いヤツにカモにされるのよ！

突然ですが、かの平安文学を代表する清少納言の『枕草子』には「野分《のわき》のまたの日こそ」という段があります。「野分」というのは台風のこと。そこでは、前日の台風によって大きな木が倒れ、庭の植え込みなどが壊されてしまった様子が描かれています。

ここで大事なのが、清少納言は人々が「野分」という災害を受け入れ、寛容な心で天気に接した様子を描いていることです。もともと温暖な気候で文化を育ててきた日本人は、天候の急変や台風などといった一過性の気象現象があっても、「それはそれ」としてやり過ごしてきました。

つまり、**自然に逆らわず身を委ねていれば、必ずもとの状態にゆっくり戻っていくこと（つまりは「カオス現象」の本質！）を私たち日本人は、はるか昔から心の奥底で知っていた**のです。

さて、投資の世界における「野分」は、言ってみれば「株式市場の大暴落」といったところでしょう。では、あなたはそんな災害にあってもなお、寛容な心ですごすことができるでしょうか？

実は、ここが一番の勝負どころです。株式市場という人間の欲望渦巻くカオスのなかで、ちょっとした含み損が発生した場合、投資心理をコントロールできるかどうか。そこで、日本人が本来持っている柔軟な心で、自分ではいかんともしがたい〝災難〟(っぽくみえるもの)を一過性の現象としてやり過ごし、落ち着いて自分の資産戦略に向き合えるかどうか。ここが、本書で紹介する投資法のキモのひとつなのです。

もちろん、所有している株式が下がってしまったら不安になるのは当然のこと。しかし、ここでパニック、あるいはヤケを起こしてはいけません。

株価が下がったからあわててぶん投げたものの、すぐに値を戻すどころか爆上げ。この結果、「二度と株なんか手を出すもんか……」となってしまっては、せっかくの投資経験が台なし、ただミスターマーケットたちを稼がせただけに終わってしまいます。これでは非常にもったいないと思いませんか。こんなときこそミセスウェザーの落ちついた心を思い出してください。

そもそも、**「カオス」である株式市場で予測不能な値動きがあるのは当たり前のことです。**予測不能なものに対して一喜一憂するのは、まったく生産的でないどころか、日々忙しく働いているサラリーマンの皆さんにとって、精神的にも肉体的にも余計な負担にすぎません。

考えてみれば当たり前のことですが、**短期的には「夏にしては寒いな」というような珍しいことが起こったとしても、夏の次にいきなり冬が来ることがないように、長期的に見れば必ず平均値に落ち着いていきます。**

株式市場においても、たとえなんらかの要因で大きな崩れを見せても、「平均回帰の法則」により必ず適正な価格に戻っていくのです。

もちろん、日々の株価はさざ波のように変動し、ときには滝のように怒涛の勢いで急落してしまうこともあります。しかし、株式市場に上場している企業が、よっぽど経営をしくじるようなことがない限り、株価の平均値で見ると、しっかりと右肩上がりで上がっていくわけです。

まさに、世界一の富豪投資家ウォーレン・バフェット氏ではありませんが、成長を続けている会社に長期投資をすれば、何の心配もなく資産が増えていくことでしょう。

このようなことを言うと、「そんなバフェットみたいな考え方を、個人投資家もできるわけないだろ」と思う方も多いかもしれません。しかし、バフェットさんもほか

超長期チャート

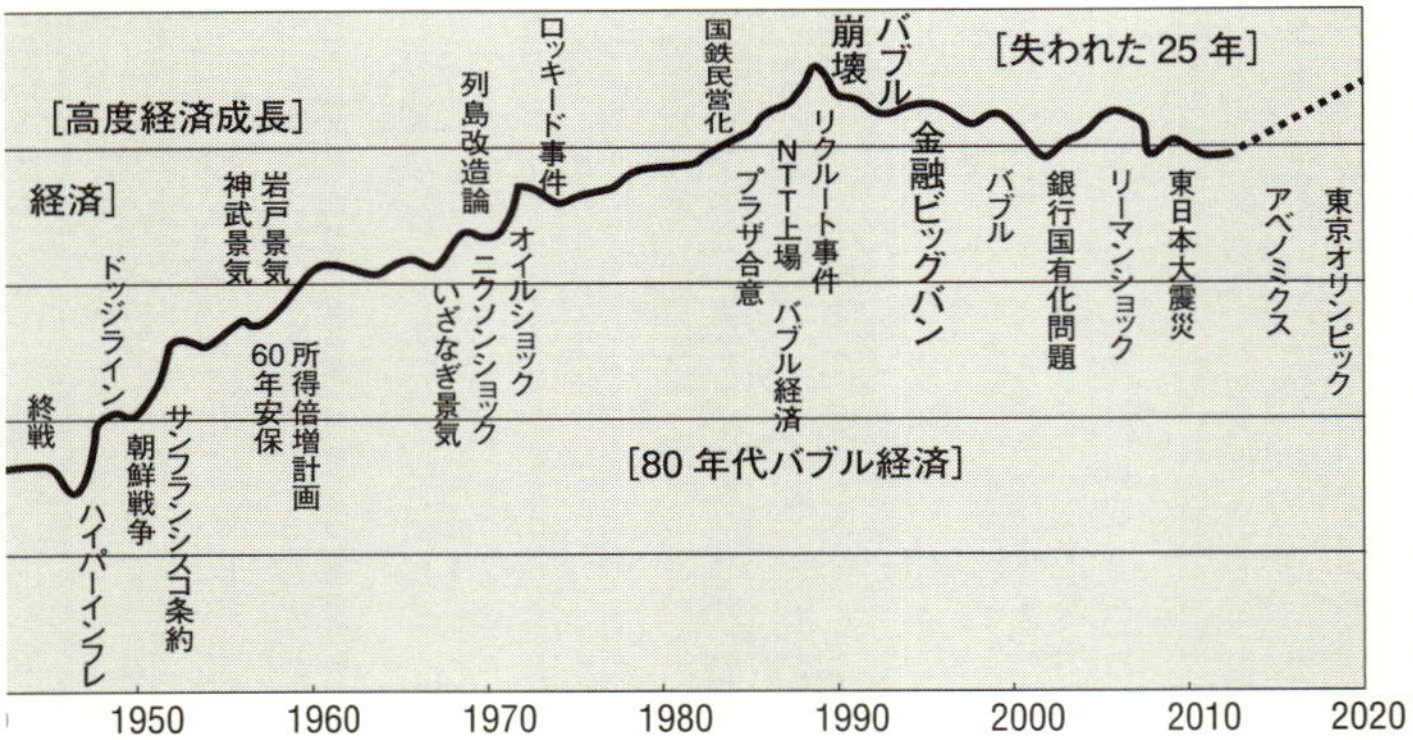

の儲け続けている投資家も皆、同じところを見ています。それは、**基本的に資本主義というのは、企業全体・株式市場全体が成長することを前提としている**というところ。このシンプルというより、身近すぎて気づかない原則を忘れなければいいだけの話なのです。

実際、世界のほとんどの都市の株式市場で、この30年のあいだに平均株価は10倍前後になっています（株価指数なのでインフレ込みですが）。そもそも**本書が推奨している株式投資のやり方、考え方は、こうした資本主義の長期の成長を享受できる、WIN-WIN方法**であることを理解しましょう。

日本株130年間の

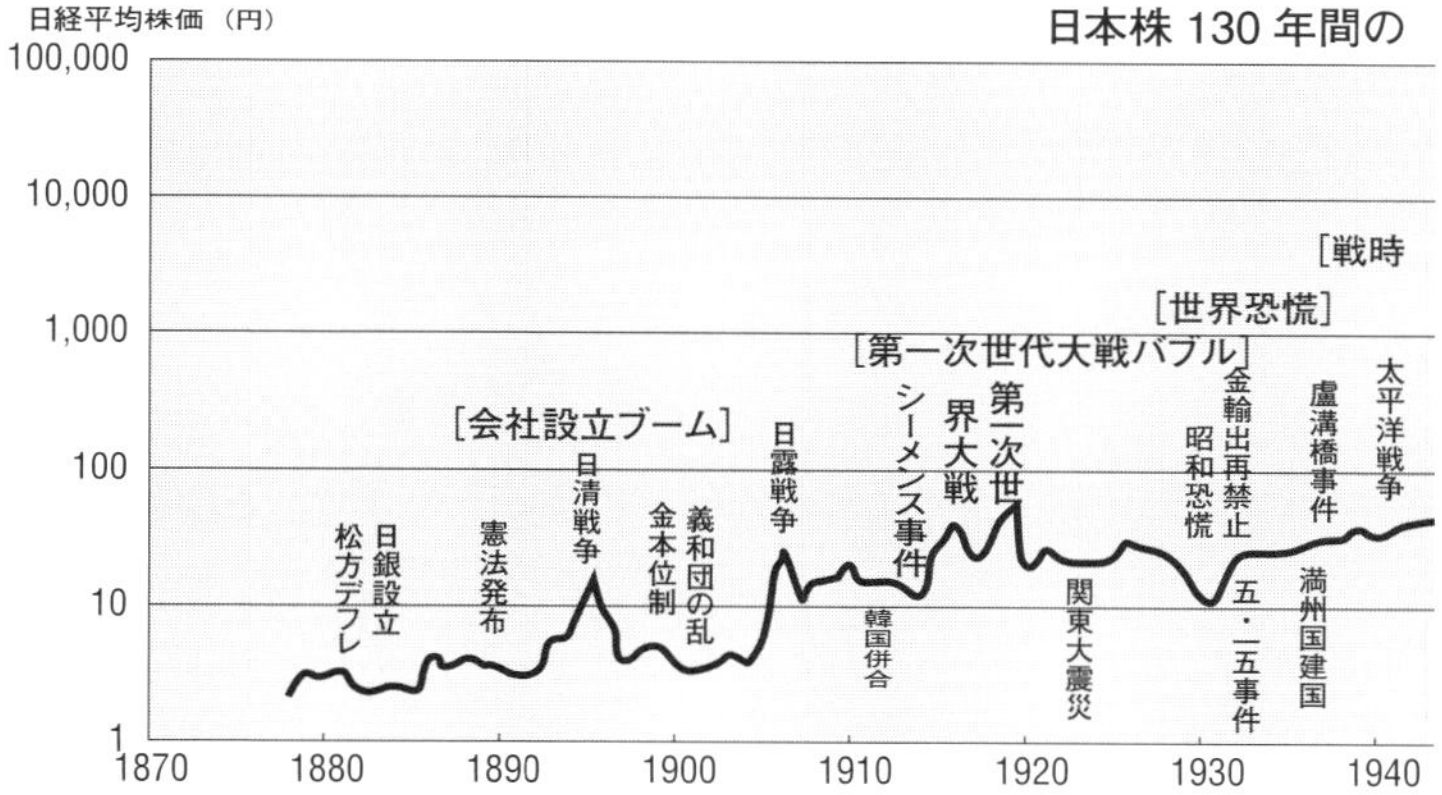

一例として、次ページの私が株を所有している企業の短期的な株価チャートと、長期的な株価チャートを見てみましょう。

ご覧いただければおわかりの通り、短期では今後の株価がどう動くかわからないくらい上下に大きく変動し、規則性が見出せませんが、長い目で見ると右肩上がりになっています。ここに挙げた企業の10年ほどの業績は、売上、利益とも毎年大きく成長していますので、それにともない株価も上がっているのが見てとれます。

このように「平均回帰」の法則にしたがって、長期で成長する会社に自分の大切な資金を投入することこそが非常に大事になっ

ジョンソン＆ジョンソンの長期の株価変動

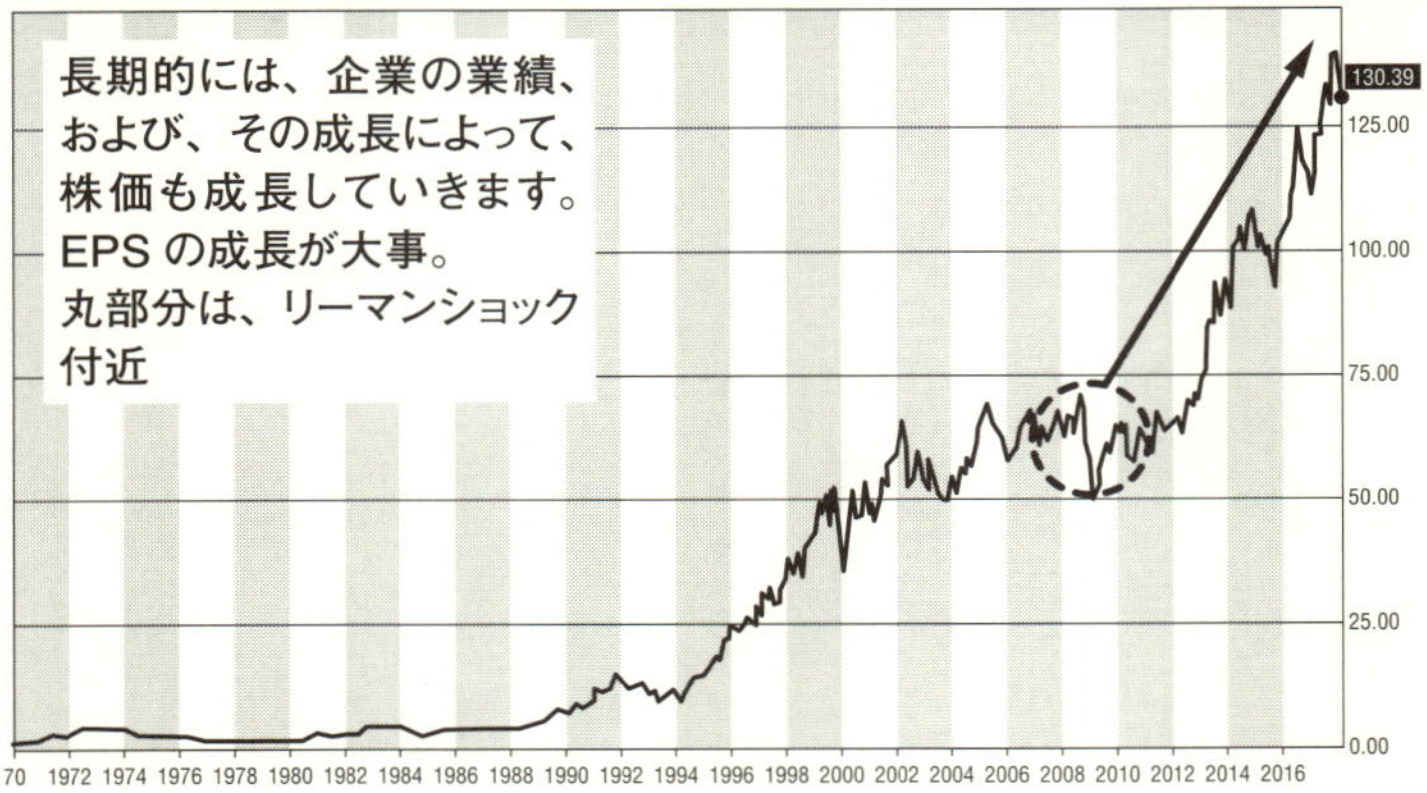

ジョンソン＆ジョンソンの短期の株価変動

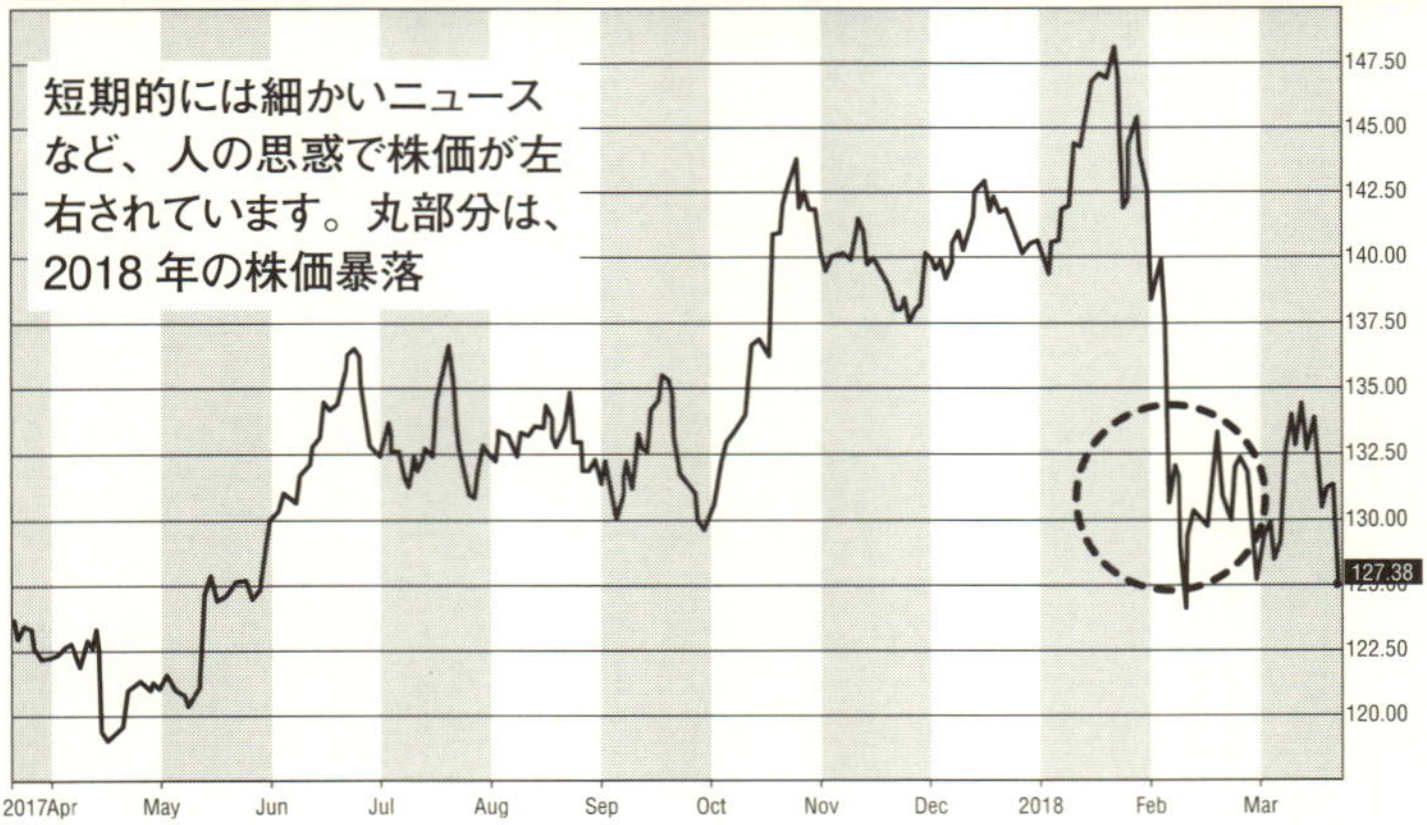

てきます。つまり、投資には冷静に市場をながめる「待ち」の時間が必要、ということですね。

ちなみに、２００８年のリーマン・ショックのときは、私も資産が約半分になりました。このような状況でも冷静でいられたのは、**株式市場においては極端な状況が頻発するものの、その状況は、「平均回帰の法則」で時間が解決してくれる**ことを知っていたからにほかなりません。

こうした冷静さ、あるいは状況に柔軟に対応するしなやかさは、この項の冒頭で紹介した『枕草子』にもあったように、日本人にもともと備わっている資質です。

暑い夏の日に突如発生するゲリラ豪雨にあっても、「それはそれ」と、さらっと受け流すことができますよね。それと同じように、株価の暴落や暴騰時こそ、一喜一憂、右往左往せず長い目で市場をながめ直す〝クセ〟を、徐々にでよいのでぜひ身につけてください。

1-4.「強い会社」の成長サインは、「気温」のように数字でわかる！

株式投資は長い目で見ることが大事、ということはわかりました。でも、そもそもよい会社ってどんな企業のことなのでしょうか。ダメな会社の株を長期間持っていてもしょうがないですから、そこが知りたいですね。

うーん、何度も言いたくないですが、いい会社、ダメな会社というのは、つまり相場が教えてくれるわけです。株価の数値だけ見ていれば十分ですよ。

まったくわかっていない。いい会社かどうかと株価には、関係性などまったくないのに……。

それでは、長期的に利益成長を続けられる「強い会社」とはどんな企業なのでしょうか。ここでは、株を購入するべき「強い会社」の定義を考えてみることにします。

「強い会社」の条件としてまず挙げられるのが、強く伸びるコア事業を持っているということ。こうした会社の株価は、長期的に力強く上がっていきます。各業界ですぐに思い浮かぶほどの有名な会社は、その意味ではほぼ間違いありません。

たとえば、自動車といえばトヨタ自動車が、すぐに連想できますよね。食品業界にはさまざまな企業がありますが、日本ハムや味の素といった会社名が、まず浮かぶのではないでしょうか。薬なら武田薬品工業、化粧品であれば資生堂、日用品は花王……といった具合に、とにかく、まずは各業界で大きなシェアを持つ会社をイメージしてみてください。

「オイオイ、ちょっと単純すぎやしないか」と思う方もいるかもしれませんが、ここはあくまでも出発点にすぎません。いま一度確認しますが、私たちが狙うべき銘柄は、永続的に伸びていく会社です。

新規上場の勢いで一瞬だけ調子がいい銘柄、あるいは明らかに会社の財務的な実力以上に急騰している銘柄を狙うのは、投資ではなく投機＝ギャンブルとまったく一緒。

そうではなく自分の人生がもっともっと安定するよう、ガッチリと伸びていく会社を選ぶ。こうシンプルに考えて、なんの問題もありません。

そうなると、**まずチェックする必要がある会社は、各業界のシェア上位5社くらい**でいいと思います。株式投資初心者の方は、最初はこうした「わかりやすい」銘柄から入るのが無難でしょう。

ただし、こうした目立つ会社の株はえてして大型株ですから、当然、購入額もそれなりに高くなります。ですから、人によっては資金的な面で厳しいかもしれません。

そこで、あまり目立たない「強い会社」を探すことになります。では、規模が小さくても永続的に利益を出す企業の特徴は、どういったところにあるのでしょうか。

「暑さ」「寒さ」が「気温」という数字に表れるように、「強い会社」の成長サインも必ず数字に表れます。まさに、皆さんが気温をチェックするために天気予報を見るように（日本気象協会のお天気サイト「ｔｅｎｋｉ・ｊｐ」https://tenki.jp/ をごひいきに！）、**成長サインの証しとなる数字を見つけるために、ヤフーファイナンス（https://finance.yahoo.co.jp/）に掲載された上場企業の「ファンダメンタルズ」を確認**しましょう。

なんだか急に難しくなったな……と思われるかもしれませんが、たいした難題ではありません。「ファンダメンタルズ」は「基礎的な条件」という意味で、株式投資においては、企業の事業の基礎となる要因のことを指します。具体的には、その企業の売上高や利益、資産や負債などのことです。

ここでチェックすべき数字は、わかりやすいところでいえば、まずは「利益」です。株価は、長期的には発行元企業の利益に連動して上昇します。

まず、**利益の情報を確認するためにはEPS（1株利益）を見ましょう。**ＥＰＳは、その企業の最終利益を発行済み株式数で割ったもので、たとえば、「当年度の最終利益が１００万円で、発行済株式数が1万株」の場合、ＥＰＳは１００円となります。

ＥＰＳは企業の収益性を表す数値として活用されており、当然、この数値が高いほど収益力が高いと判断されます。ＥＰＳが伸びていく会社というのは、株価が伸びて

EPSの考え方はカンタン！

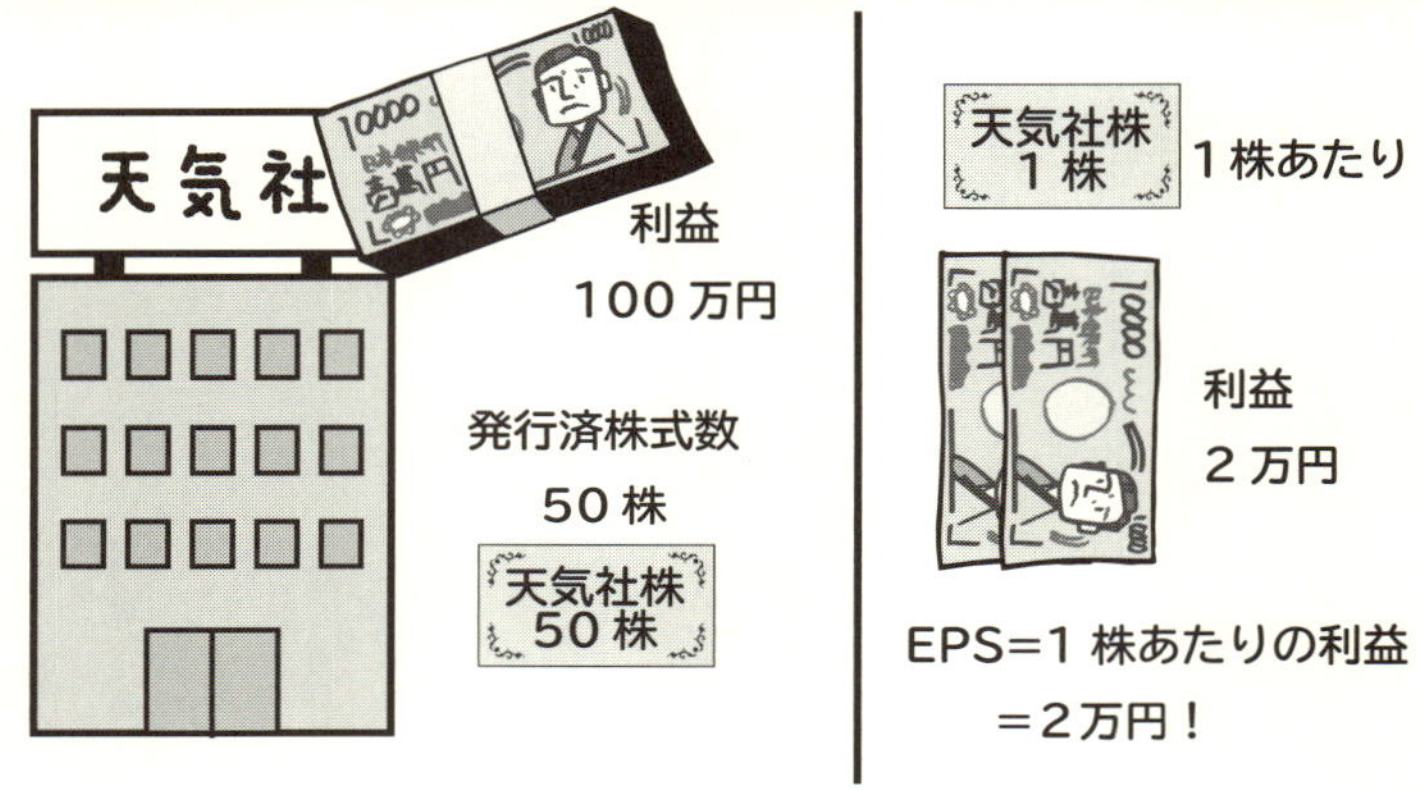

いく会社、つまりあなたの資産を増やしていってくれる会社にほかなりません。

実は「ＥＰＳが伸びていく会社を狙う」ということは、投資をするうえで〝基本中の基本〟です。ところが、昨今は「ラクに投資して儲かる！」という甘い言葉が独り歩きしてしまっている感があり、すでに投資の世界に足を踏み入れて数年という中級者のなかにも、こうした基本を知らない方が多く見受けられます。こうした方は、いつ市場の〝嵐〟に足をすくわれてもおかしくありません。

ですから、天気予報で「明日の最高気温は？」と気にするように、まずはヤフーファイナンスで企業の財務状況をチェックし、基本的な数字を押さえましょう。たまたま投資の結果がよい隣人をうらやむよりも、まずは自分の足元を固めて、一生の資産づくりができるベースをしっかりと築くことが肝要です。

一時的に業績のよい企業の株を買ったり売ったりするよりも、一生涯持っていられる銘柄を探すほうが確実性も高く、また楽しみも長続きします。

ときが来れば必ず花が咲くように、ささやかでも着実に値上がりし、配当や株主優待などといった楽しみをもたらしてくれる企業……。いうなれば**確実に北上していく「桜前線」のような、「強い会社」「持っていてワクワクするような企業」**をじっくりと探していきましょう。

1-5. 成長を続ける「桜前線銘柄」は、こうすれば見つけられる！

「桜前線銘柄」って、いったいなんのことでしょう。まぁ、強い会社を選ぶというのは当たり前の話ですが……。ただ、プロのワタシでも、そう簡単に見つけられませんよ。具体的にどうするのか、お手並み拝見ですね。

たしかに……。ミセスウェザーの言っていることは、いちいち納得できるんだけど、そんな企業があるか半信半疑です。第一、EPS 以外の指標は見なくてもいいのでしょうか？

了解。私も難しいことは嫌いだから、「桜前線銘柄」を探る最低限のポイント、見るべき数値だけ説明するわね。

前項で「強い会社」というのは、揺るぎなき強いコア事業を持っており、ＥＰＳが伸びている企業であると述べました。そこで続いては、そういった企業の発掘方法を見ていきましょう。

おさらいになりますが、まず、ヤフーファイナンスで気になる会社の指標をチェックしてみましょう。あるいは練習として、実際に各業界で有名な会社を調べてみるのもいいと思います。そこから興味を持った会社のストロングポイントを、見つけていけばいいでしょう。

ヤフーファイナンスのある企業ページを表示させたら、会社名の下に「企業情報」というタブがあります。そこをクリックし、ページ左に表示されている「会社概要」「単独決算推移」「連結決算推移」「中間決算」の3番目、「連結決算推移」へと移動しましょう。するとなにやら会社のデータが出てきますね。その表に書かれた項目の9番目に、前項で説明したＥＰＳ（一株当たり利益）という指標があります。まずは、ここをしっかりと見てください。

次ページに一例として載せたトヨタのデータのように、ヤフーファイナンスには

トヨタの連結決算の推移

	前期	２期前	３期前
決算期	2017年３月期	2016年３月期	2015年３月期
会計方式	SEC	SEC	SEC
決算発表日	2017年５月10日	2016年５月11日	2015年５月８日
決算月数	12か月	12か月	12か月
売上高	27,597,193百万円	28,403,118百万円	27,234,521百万円
営業利益	1,994,372百万円	2,853,971百万円	2,750,564百万円
経常利益	2,193,825百万円	2,983,381百万円	2,892,828百万円
当期利益	1,831,109百万円	2,312,694百万円	2,173,338百万円
EPS（一株当たり利益）	605.47円	741.36円	688.02円
調整一株当たり利益	599.22円	735.36円	687.66円
BPS（一株当たり純資産）	5,887.88円	5,513,08円	5,334,96円

3期分の決算数値が載っています。この数字が、毎年10％以上伸びている会社をピックアップしてみましょう。なぜなら、EPSが今後も10％以上のペースで成長していくなら、その会社の株価も当然連動して上がっていくからです。

次に、売上高を見ます。売上も同じようなペースで成長している会社をチェックしますが、ここで注意しなければいけないポイントがあります。それは、売上が下がっているのに利益だけが伸びている企業は、本業以外の要因で成長しているということ。そのような企業は、長い目で見ると成長し続ける可能性が低いので、除外したほうがよいでしょう。

そのうえで、気になる企業の全体をもう一度、俯瞰して見てみます。あなたは、その企業の本業が理解できているでしょうか。そして、これが伸びていく姿を、しっかりと思い描くことができるでしょうか。ようするに、**普段から接している気象現象、暑さ寒さ、雨の強さのように、肌身を通してその会社の将来がイメージできるかどうかが分かれ目です。**

事例として挙げた日用品や医薬品など、人が生活をする限り絶対になくならない業界などは、将来的にも伸びるイメージもできそうですよね。実際、私が所有しているのも、「人間が生きていくうえで絶対に必要なもの」を生産している企業が多いです。

それでは、実際にヤフーファイナンスで、気になる企業の利益・売上の成長を見てみましょう。３期連続で成長しているのが条件です。10％から30％以上の成長をしていれば申し分ありません。ぜひ、ご自身の目で確かめてみてください。

1-6. さらにライバルのいない「太陽銘柄」を探し出す！

毎年満開になる桜のような銘柄がどんなものか、これでわかったでしょ。でも、それに加えてさらに「強い会社」の見分け方があるのよ。

ちょっとお待ちください。「桜前線銘柄」よりさらに強い企業なんて、たとえあったとしてもどう見つけるのでしょうか。プロをバカにするのも、ほどほどにしてほしいですねぇ。

さすがにミスターマーケットに賛成。そんな会社が見つかれば苦労しないですけど……。

そんなに信じないなら、私の実際の投資先を教えてあげるわ。

先に挙げた**「強い会社」の条件をもうひとつ加えるなら、同じ業界内に強力な企業がいないということも、重要な要素**でしょう。**競合のいない企業は、いってみれば、どんなに気候が変わろうとも、この地球に光と熱という恩恵をもたらしてくれる、唯一無二の「太陽」のようなもの。**あとで具体的にご紹介しますが、このような力強い銘柄、名づけて**「太陽銘柄」**を見つけ出せば、皆さんの資産形成戦略もグッとラクになるでしょう。

ただし、自分が「いいかも」と思った企業が属する業界そのものの〝発展性〟には注意が必要です。いくら競合がいないからといって、ジリ貧産業のリーディングカンパニーでは、お話になりません。

数字や情報をこと細かに追う必要はありませんが、感覚レベルで、株を買おうかと考えている企業の製品やサービスが、今後も必要とされるかどうか。この先、業界的に発展していきそうかどうか。そういった点は、大まかにでも事前に確認しておくべきでしょう。

前項で例に挙げた、食品や製薬、化粧品、日用品といった業界は、多少の紆余曲折はあるにしても10年後、いや100年後も人々に必要とされているはずです。

そういう業界で多くのシェアを占める会社は、そうそう本業は崩れないもの。仮に競合企業が現れたとしても、潤沢な資金で対策を打ち、生き残っていく可能性のほうが、はるかに高いでしょう。

本書における「強い会社」の定義をまとめると、次のようになります。

✹本業に圧倒的な強みがあり、株を持っていてワクワクするような企業（桜前線）
✹太陽のように並び立つもの（競合他社）がいない、もしくは少ない（太陽銘柄）
✹ちょっとやそっとのことでは地位が揺るがず、その条件が長く継続する

アメリカの経営学者マイケル・ポーター教授は、著書『競争の戦略』で、企業の脅威（つまり敵）を、次のように定義づけしました。

①ライバル会社
②新規参入

③製品・サービスの代替品
④仕入元
⑤お客様

これらを**「ファイブフォース」**と呼んでいます。

①の**「ライバル会社」**とは、当然、業界内の難敵のこと。

②の**「新規参入」**は、その事業が他社にマネされやすいかどうか。言い換えると「参入障壁」が高いかどうかということです。参入障壁が高ければ高いほど、先行した会社に有利であることは言うまでもありません。

逆に牛丼業界などは、かつてはローコストのオペレーションで一世を風靡《ふうび》したものの、各社が参入した結果、過当競争になり、価格破壊が起こって利益が上がらない構造となっています。こんな業界は避けたほうがいいでしょう。

③の**「代替品」**とは、既存の製品やサービスにとって代わるものが将来的にあるかどうかということ。たとえば、これまでテレビやラジオを見ていた人が、ネットの動画を見ることに移行してしまっている状態をイメージすればわかりやすいでしょう。

このように、明らかに代替品、代替サービスが現れている業界は避けるべきです。

④の**「仕入元」**は、ある製品の材料を仕入れる際に、仕入元会社の発言権が強い製品やサービスのことです。サプライチェーンの川上の影響を受けるようでは、事業は安定しません。ですから、たとえば石油価格に大きく引っ張られてしまうような業界は避けたほうが無難です。

最後の⑤**「お客様」**というのは、自社の製品を買ってくれる顧客のこと。近年、コンビニや大手スーパーは、プライベートブランドを充実させるなど、ますます商品の低価格化を進めています。

当然、卸問屋やメーカーには強烈な値下げを迫ってきますので、こうなるといくら品物を卸しても薄利多売となってしまい、結果として成長がなかなか望めません。こうした状況に置かれている会社の銘柄も、素直に除外しましょう。

さて、このような前提を踏まえたうえで、本項の冒頭で述べた私が選んだ銘柄の一例をご紹介しましょう。

スリーエム（3M Company）

スリーエムは、医療やヘルスケア、電子分野など幅広い事業を手がけ、安定的に成長している世界的企業です。

この会社は、従業員に「15％ルール」という奇抜な時間の使い方を提唱し、実践しています。従業員は、就業時間の15％を新しいアイデアのために自由に使っていいというもので、しかもそのアイデアの失敗を問いません。こういう経営アイデアが、「ポストイット」など新規参入を許さない製品群を生み出す原動力なのでしょう。

こういった**経営面の特徴から、いい会社かどうか、成長しそうかどうかを見ていくのもアリ**だと思います。

スリーエムの長期の株価変動

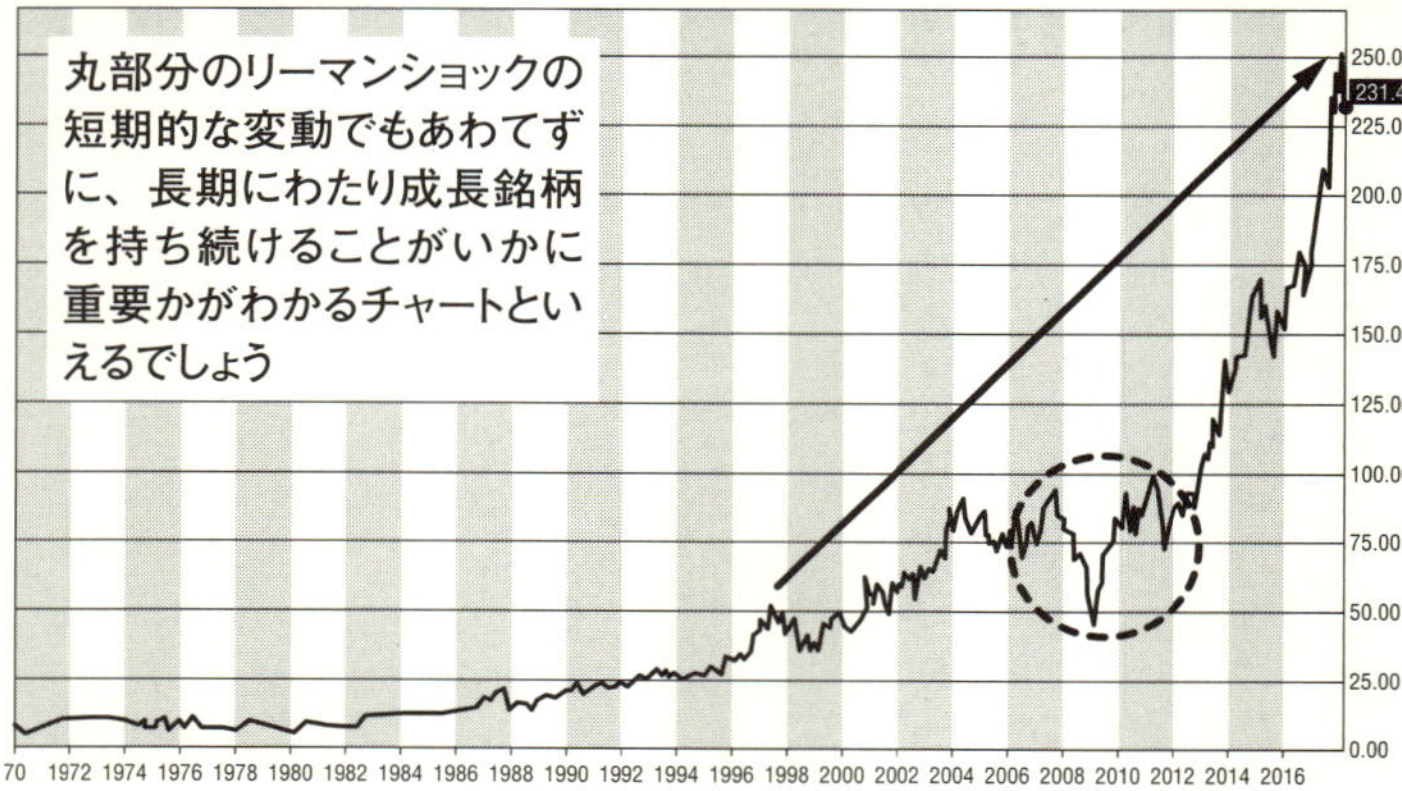

スリーエムの短期の株価変動

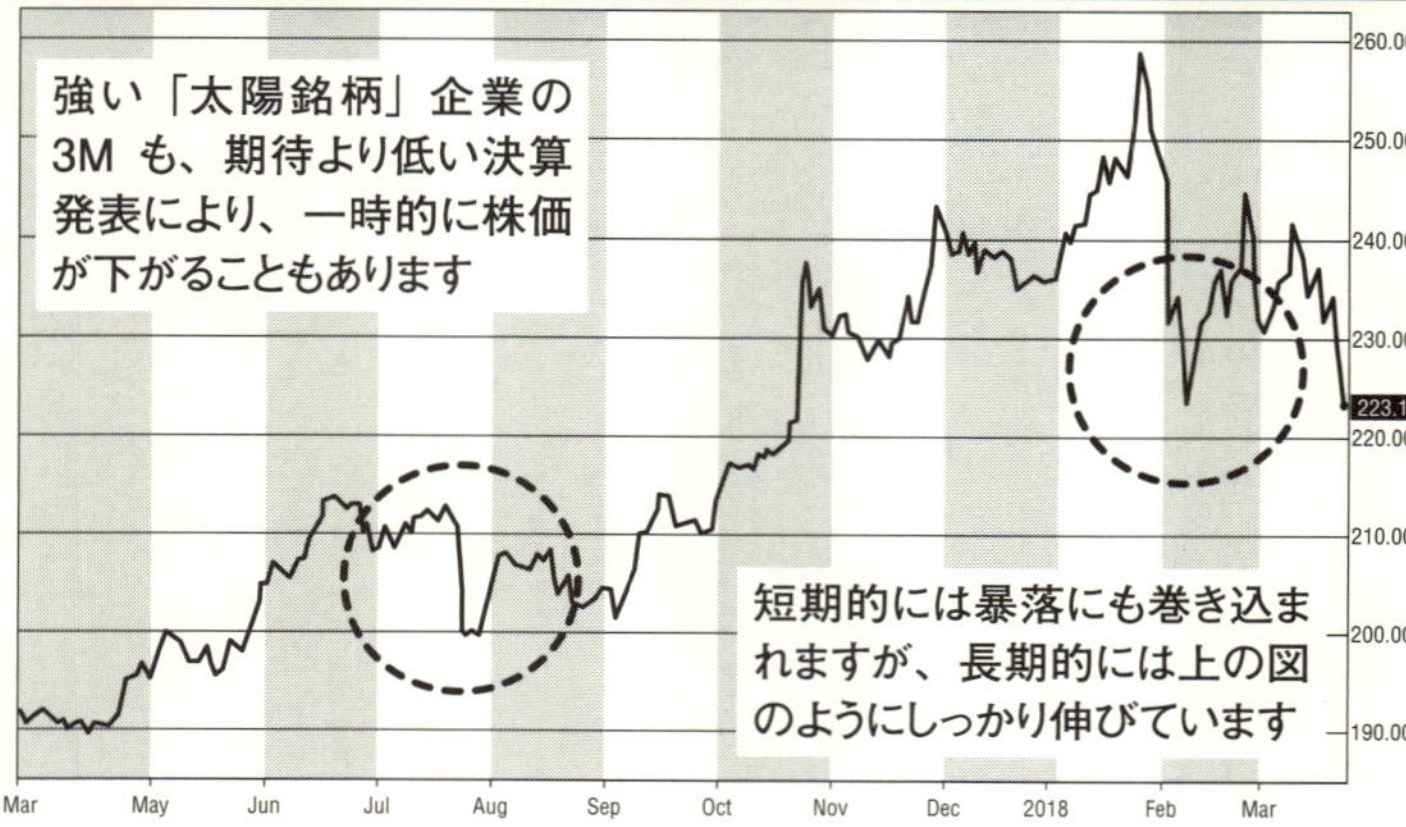

P&G（Procter&Gamble）

P&Gは、ご存じの方も多いかと思いますが、日用品やホームケア製品を数々開発し、世界180カ国で販売しています。

この会社の強みはブランド。おむつといえば「パンパース」、台所の洗剤は「ジョイ」、消臭剤の「ファブリーズ」、シャンプーなら「パンテーン」などなど、次々とおなじみのブランド名を挙げることができるでしょう。

このような「桜前線」要素と「太陽銘柄」要素を兼ね備えた、まさに「強い会社」の株をなるべく早めに買って、あとはじっと持っておけば、おのずと会社の成長に合わせて資産も増えていくはずです。

P&Gの長期の株価変動

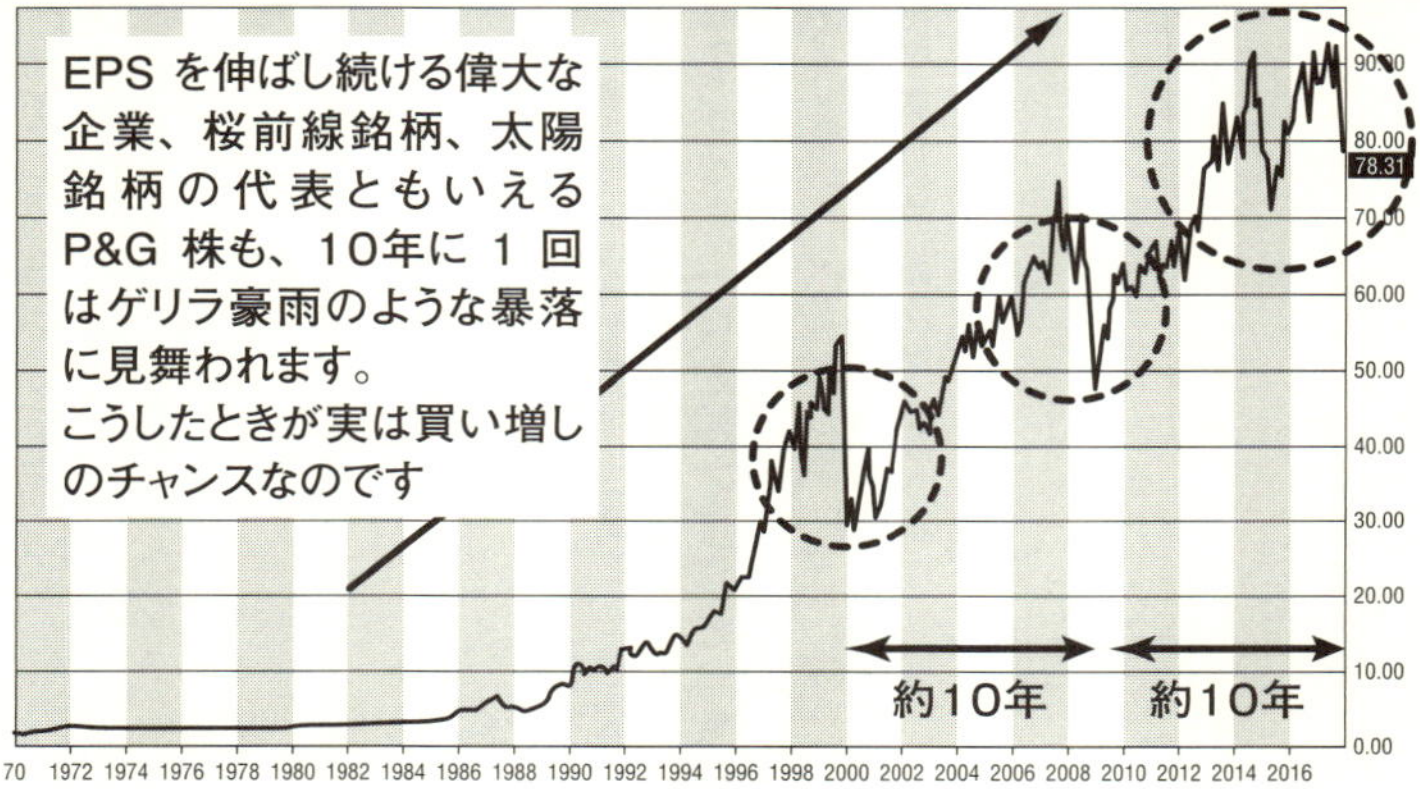

P&Gの短期の株価変動

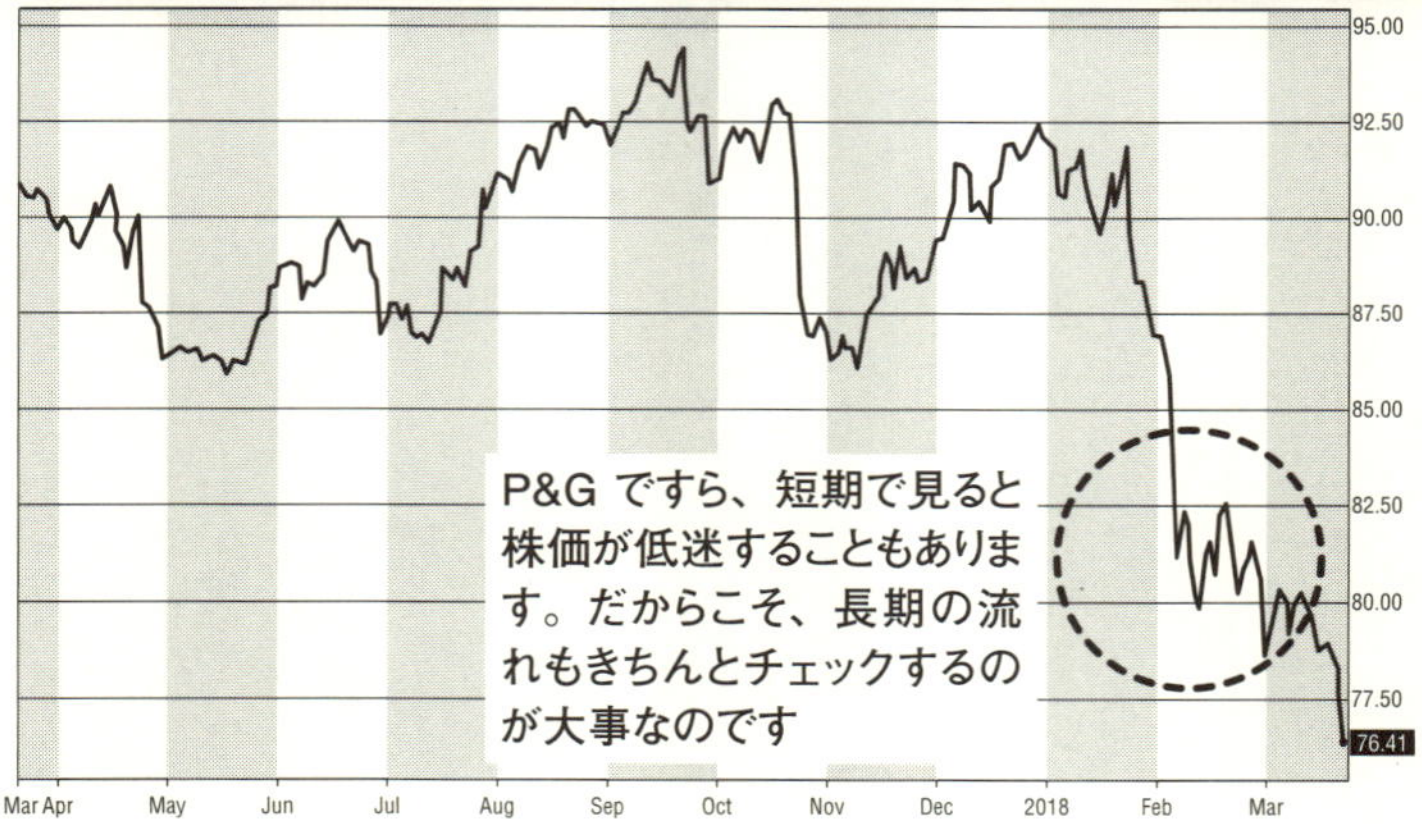

インテュイティブ・サージカル（Intuitive Surgical）

「インテュイティブ・サージカルという会社名を聞くのは初めて」という人も、いるかもしれません。この会社は手術ロボットの販売、オペレーションを手がけている米企業です。

ロボットという新しい手術支援サービスのトップランナーとし、ぐんぐん成長してきました。また、遠隔手術の技術提供もしており、そのオペレーション（機器の使い方などの運用）の指導も行っています。

つまり、ただ製品を売るだけでなく、アフターサービスまで広く手がけているということ。同社の手術ロボットは当然高価で、病院などの顧客も長期間使用するので、**売った後も利益を生み出すところにウマ味**を見いだせます。

インテュイティブ・サージカルの長期の株価変動

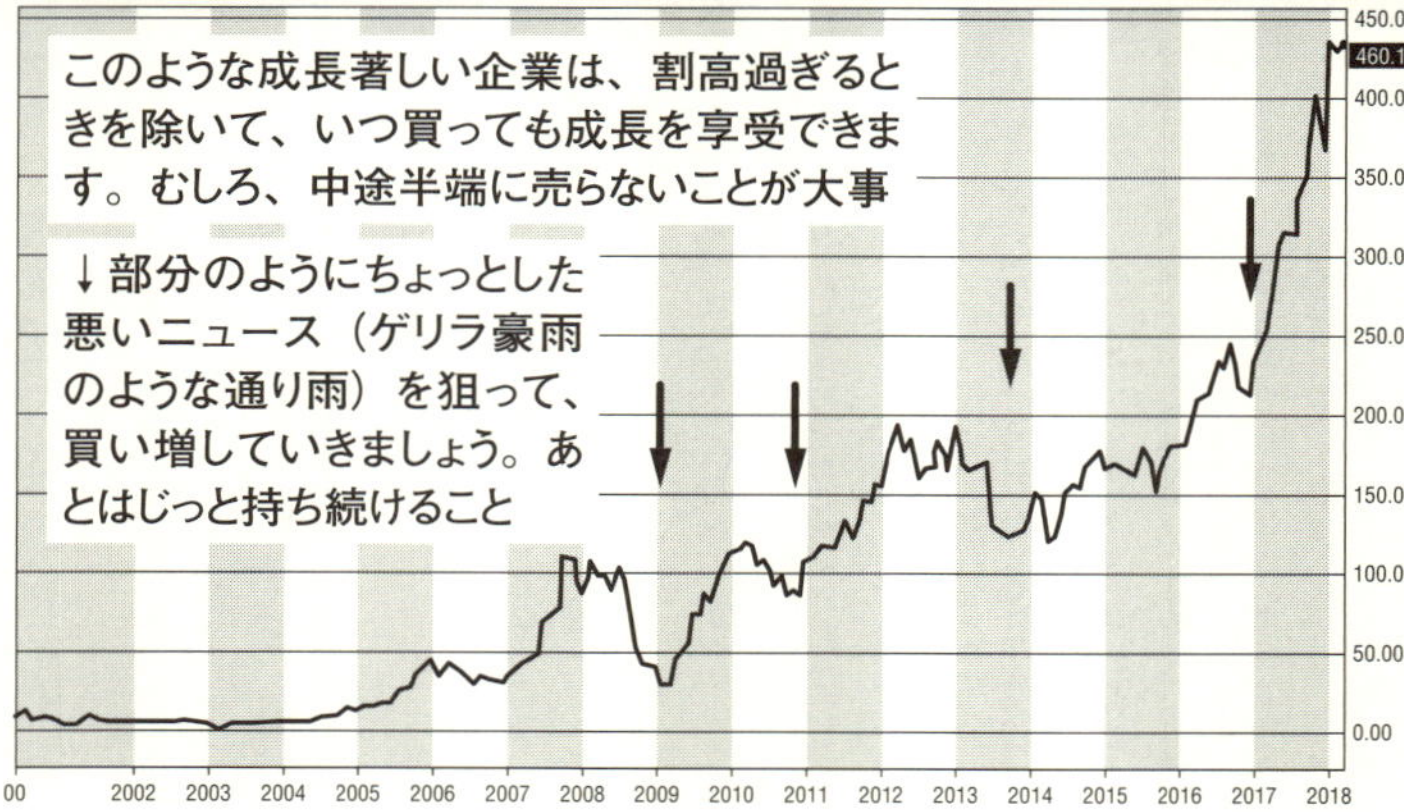

インテュイティブ・サージカルの短期の株価変動

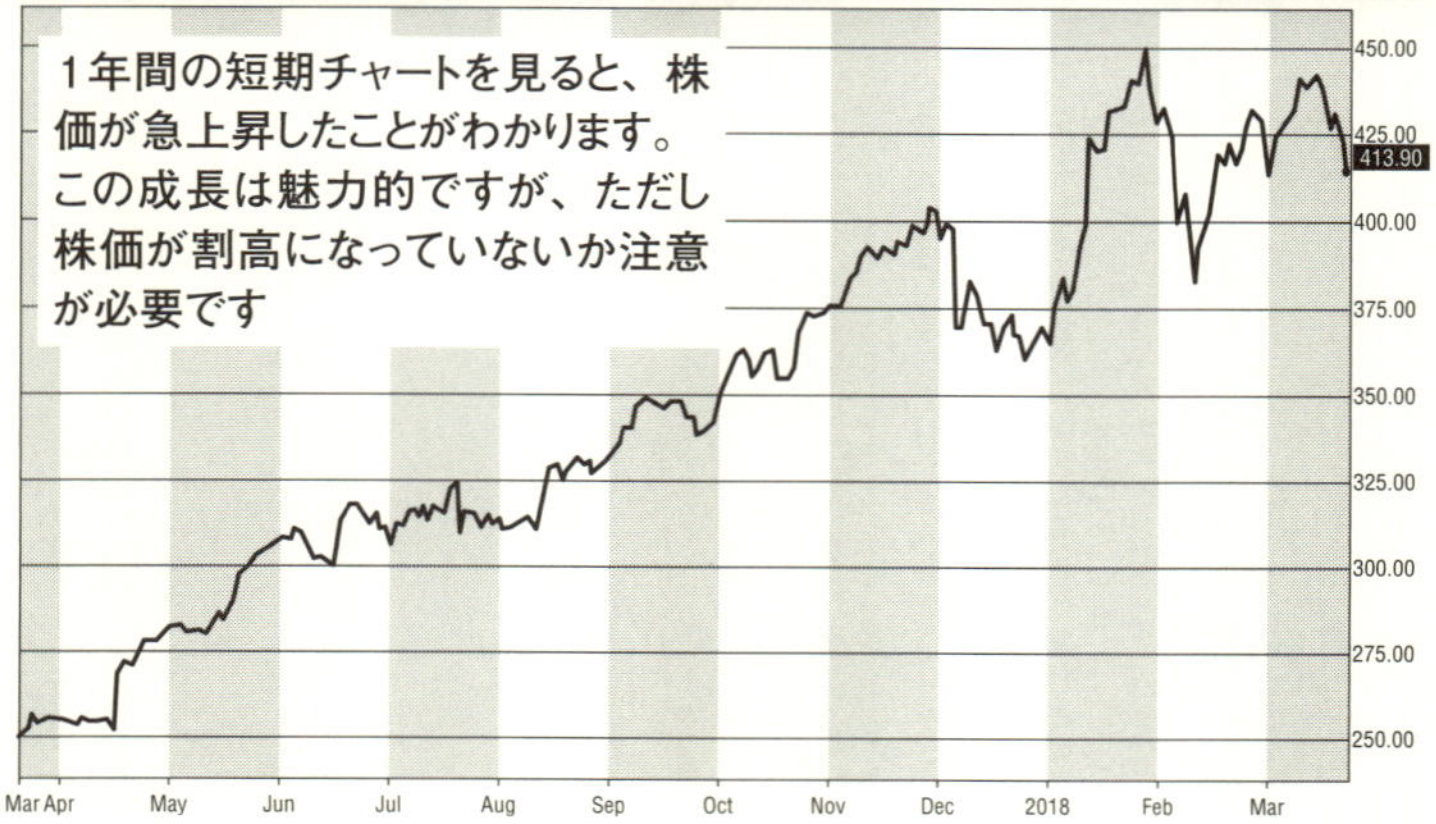

私がここでご紹介した会社の銘柄を購入したきっかけは、普段から身近にある会社を気にして、調べたことです。**あてずっぽうでお宝株を血まなこになって探す労力に比べれば、気になる身近な会社を調べるほうが労力が少なくて済みますし、経済の勉強にもなります。**

無論、こんな調査を毎日行う必要はありません。ニュースや会話などを通じて気になった会社をさっと見て、そのうえで、「強い会社」であると判断できれば購入リストに載せてみる、といった軽いノリでいいと思います。

今日の気温が暖かいか寒いか、（しつこいようですが）日本気象協会のホームページをちょっとチェックするイメージで、ヤフーファイナンスのページを開いてみる。そんな行為を習慣化していくうちに、やがて桜のように毎年毎年ずっと楽しめる「成長株」を、きっと探し出せるはずです。

1-7. 「風が吹けば桶屋が儲かる」は、一時的なフェーン現象にすぎない！

今年の夏は猛暑みたいですね。となると、やっぱりビール会社の株なんかが買いなんでしょ？

ようやくわかってきたようですね。ワタシのように市場の３手先を読む人間からすると、当然そうなります。

なにが「ようやくわかってきた」よ。冷夏、猛暑だからなんていう単純な理由だけで「買い」なんて、ありえない。

天気予報士なのに？

天気予報士だから余計にわかるの！

本章の最初の項目でも少し触れた、「フェーン現象」という気象用語を耳にしたことがある方も多いと思います。これは雨雲が山を越える時に風上側と風下側で、気温の上昇下降の程度が変わるために、風下側の気温が上昇する現象です（P22図参照）。

フェーン現象は、

①風が一定量、一定方向に強く吹いている
②風上側では湿った空気で山に当たり空気が上昇することで雨となり、水をほとんど落としてしまう
③風下側では乾いた空気が吹き下ろしてくる

という条件が合わさったときに発生します。要するに、かなり特殊な気象パターンだといえるでしょう。

これとよく似ているのが、株式市場における「ある企業に一時的な好材料が出た」という状況です。たとえば、「今年の夏は猛暑」という長期予報を受けて、「暑い→外出がおっくうになる→宅配フードチェーンが儲かる」的に、すぐに連想できないような、思わぬ産業が恩恵を受けることがあります。

しかし、そんな細かいことは一時的な現象であって、長期的にはあまり意味がありません。**重要なのは一過性のトレンドではなく、その企業が成長するパワーを持っているかどうか、**なのです。

したがって、あくまで強い会社＝「桜前線・太陽銘柄」を選ぶという原点を忘れないことが大事です。レアケースで急騰した銘柄を報道で知り、「あのとき買っておけばよかった」などと後悔している人がいますが、このようなことで一喜一憂していては投資での成功はありません。

短期的な価格の変動は、前述のフェーン現象と同じように、さまざまな要因が複雑に絡み合い、その結果、〝偶然〟爆上げしたり、あるいはドカーンと下げたりします。無論、こんなことは誰にも予測できません。

ですから、たとえ自分の持ち株が、その偶発的な出来事に巻き込まれたとしても、「そんなこともあるよね」という気持ちでスルーする。これくらいの心持ちでちょうどよいのです。

1-8. 株を売るという行為＝損切りというワナに要注意！

ミセスウェザー。貴女は先ほどから「買え」「買え」しか言っていませんね。教えてあげますが、「売り」に出ないと儲けられませんよ。

確かに。買う話とか気象がどうしたとかっていう話しかしてませんね。あっ、ボクが気になる株が上がった！　ここは、さすがに「売り」でいいですよね？

いいえ、私の辞書に、「売り」の文字はないわ。

え、本当!?

次章からは、具体的なテクニックやワザについての話となります。そこで、本章の最後に基本に返って、「そもそも、どうして投資をするのか」について、確認しておきましょう。

まず、皆さんは何を目的に、投資を行いたい、あるいは行っているのでしょうか。当然、「お金を増やしたい！」「老後にラクな暮らしがしたい！」というのが、基本にくるのだと思います。

私も32歳ごろ、ロバート・キヨサキ氏の『金持ち父さん貧乏父さん』や『となりの億万長者』（トマス・J・スタンリー、ウィリアム・O・ダンコ著）を読み、「億万長者」になりたいと考え、初めて株にチャレンジしました。

ところが、株価が上がると、すぐに売ろうということばかり考えてしまいます。人間心理として、この先どうなるかわからないのだから、一刻も早く利益を確定したいと思ってしまっていたわけですね。

しかしあるとき、「資産を形成する」「儲ける」というのは、いったい何のためなのか。また「資産形成」「投資戦略」というものを、どれくらいのスパンで考えるべきなのか、という疑問に突き当たりました。

そして、我が身を改めて振り返ってみたところ、それまでの「儲けたい」という願望がいかに漠然としたもので、実際にとっている行動が、いかにブレているかに思い至ったのです。


そこで、もう一度初心に帰り、投資を始めた動機である「資産形成」のためには、何をどうすればいいのか考えました。そして出した結論が、「強い会社の株を持ち続ける」ということだったのです。つまり、「売らない」ということ。

理由は単純で、**利益を生み続ける強い会社の株を、手放す必要などない**からです。

もちろん、会社の本業が行きづまって利益の伸びが途絶えた場合（項目「1‐4」でEPSの話をしましたよね）、あるいは経営者の裏切りにより会社が信用できなくなった場合（日本の老舗企業で相次いだ粉飾などはもってのほか！）は売りに出ますが、そうした〝よっぽど〟のことがない限り、基本的には売ることは考えません。

これも「はじめに」などで述べましたが、**そもそも日中働いているサラリーマンが、市場の動きを常に注視することなど、土台不可能**です。短期で売り抜け儲けるという芸当は、よっぽど時間があるミセスウェザーならぬミセスワタナベ（世界のＦＸ市場に影響を与える主に主婦からなる日本人女性投資家たちの総称）のような、専業トレーダーぐらいにしかできません。

となると、必然的にサラリーマンにとってやりやすく、かつ目標にすべきは、自分や家族が一生困らずに生活できる資金をつくるという、あくまで長期の資産形成となるはず。せっかくの**優良株を売って日銭を稼ぐのは、実は「利確」でもなんでもなく長期的に見れば「損切り」**にすぎないのです。

もちろん、どうしても売らなければならない、あるいは売ったほうがいい場合というのも、出てくることもあるでしょう。私も住宅ローンなど、投資と給与収入以外のお金の動きとの兼ね合いで、保有銘柄を処分したこともあります。

その点につきまして、第4章にて私のこの3年ほどのリアルな売買生活についての詳細を赤裸々に解説しました。「どうしても手仕舞いしないと」という状況のご参考にしていただければと思います。

とにかく私は、サラリーマンが普通に働いているだけではもったいないと感じ、投資の世界に足を踏み入れました。現役のときに稼いだキャッシュを切り崩して生活する老後ではなく、お金を有効に運用して大きな資産を築きたかった。その手段として株式投資、しかも、その攻略法のひとつとして「売らない」ということに行きついたのです。

どうか、このことを頭の片隅でもいいので置いておいてください。では次章から、私の投資経験と気象予報士としての知識をかけ合わせた、きちんと資産を形成するための投資戦略を、さらに深く紹介していきたいと思います。

第2章

資産を守って増やす「平均気温戦略」から始める

～いつまでも気温35℃超えの〝猛暑日〟は続かない～

2-1. 長期戦略として重要なのは「平均気温」を目指すこと

ミセスウェザー、貴女の基本理念はわかりました。ただ、ワタシもプロですから、具体的な話をそろそろ聞かないとですね、黙ってはおれませんよ

わかったわ。では、ほんとに理解しているのかどうか、ひとつ質問。株式市場は資本主義を前提にしているからこそ、「平均気温戦略」でいくべき。さて、どういう意味かわかる？

えぇーと、それはつまり、まぁ、そりゃそうですな……。カズオさん、どうぞ。

？？？

「投資を始めたいけれども、何をどうしていいかわからない……」
「始めたはいいが、期待した結果が出ない（どころか損しまくり）……」

方法論を確立した現在は余裕をもって投資ができている私でも、やはり初心者のころは苦しいことが数多くありました。今ある知識の数パーセントでも、あの当時の自分に教えてあげられたら、もっとラクに資産を増やせたのになぁと思います。

そこで、この章では当時の自分に言い聞かせるように、投資初心者の皆さんに対して「はじめの一歩」となる投資法、言い換えるなら「守って増やす投資戦略」をご紹介していきましょう。

まずは第1章を踏まえ、投資をするにあたってのルールを確認しておきましょう。

【ミセスウェザーの投資ルール！】

☀一時的な「フェーン現象」に惑わされずに、「平均回帰」を信じる

☀揺るぎない太陽銘柄を長期間保有し続ける

基本はたったこれだけです。ですが、この章ではあえて「太陽銘柄を長期間保有し続ける」の「太陽銘柄を」の部分を一度横において、長期保有の部分に焦点を絞って考えます。つまり、投資の最初のステップは「平均回帰を信じ」「長期保有する」だけでOKなのです。

株式相場の基本原則となる「平均回帰」とは、気温のように日々数値が変動しているものも、長い目で見ると平均値に戻っていくという事象です。

株式市場では、ある人は「この企業の株価は安い！」と思い、ある人は「ちょっと高いな」と思ったりするように、企業の評価に関しても〝気圧〟の差が生じます。そのことにより、市場に売りや買いといった圧力がかかり〝風〟が吹き、暴落が起きたりバブルの様相を呈したりするといったことになるわけです。

ただし、これも短期的な現象。長期的には、収益性、利益成長性をもとに、企業の実力に見合った価格に収れんしていきます。

この平均回帰の法則は、株式市場全体の値動きにも当てはまります。そもそも、資本主義経済は成長を前提としているため、次ページの図にあるように、**市場全体も長**

S&P500の35年長期チャート

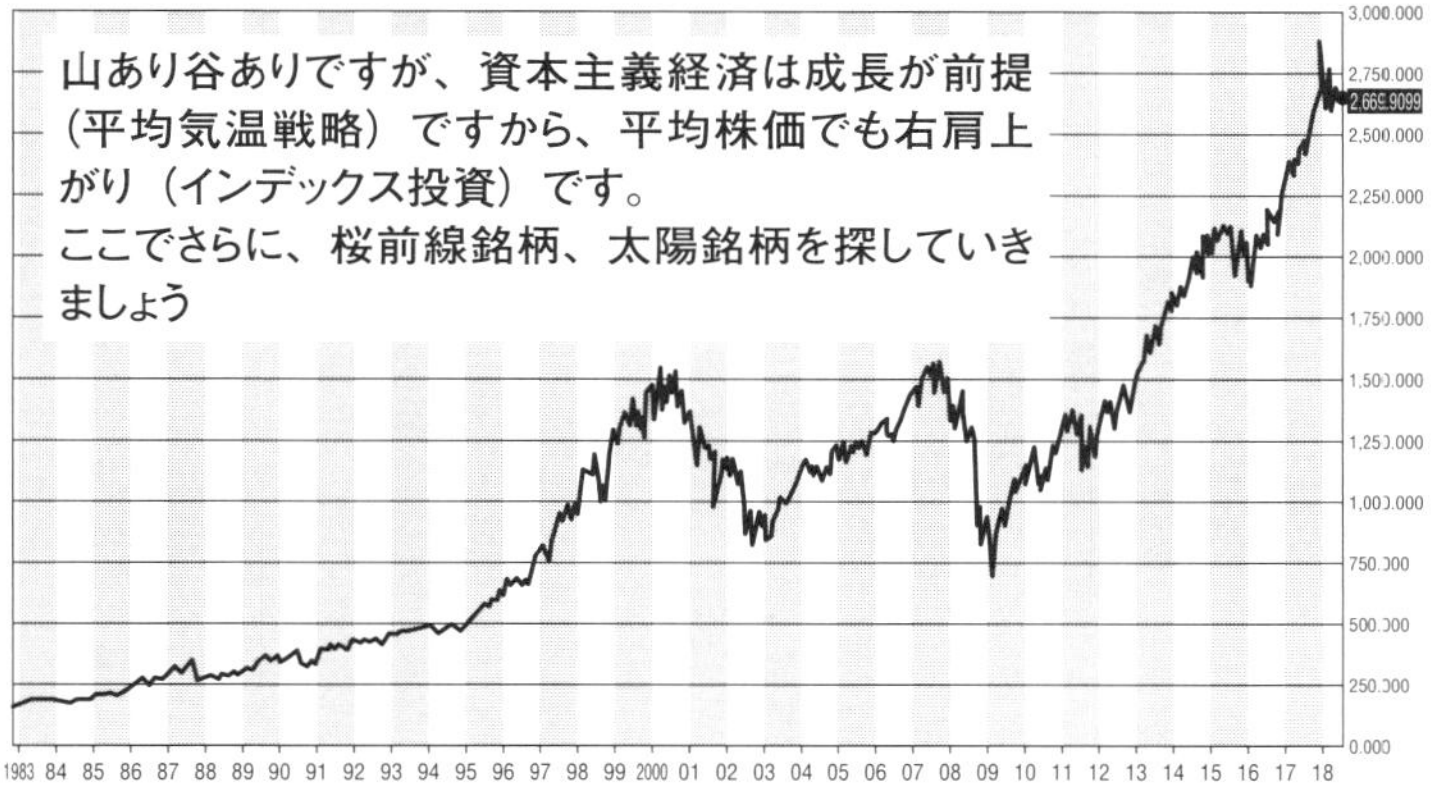

期的に見れば「桜前線」「太陽」相場と言うことができるのは一目瞭然です。

もちろん、海の波のように大きく変動し、暴落時には半分の値になってしまうこともありますが、平均値はしっかりと右肩上がりで上がっていっているでしょう。

したがって、資産をある程度分散させて長期間保有すれば、基本的には平均回帰によって資産が徐々に増えていくということになる。これが**「平均気温戦略」**なのです。

一方、テレビやラジオの天気予報で、「気温は平年並みでしょう」などという解説を聞いたことがあると思います。また、「平年値」という言葉も耳にしたことがあるか

目指すべき「平年並み」=33.3%

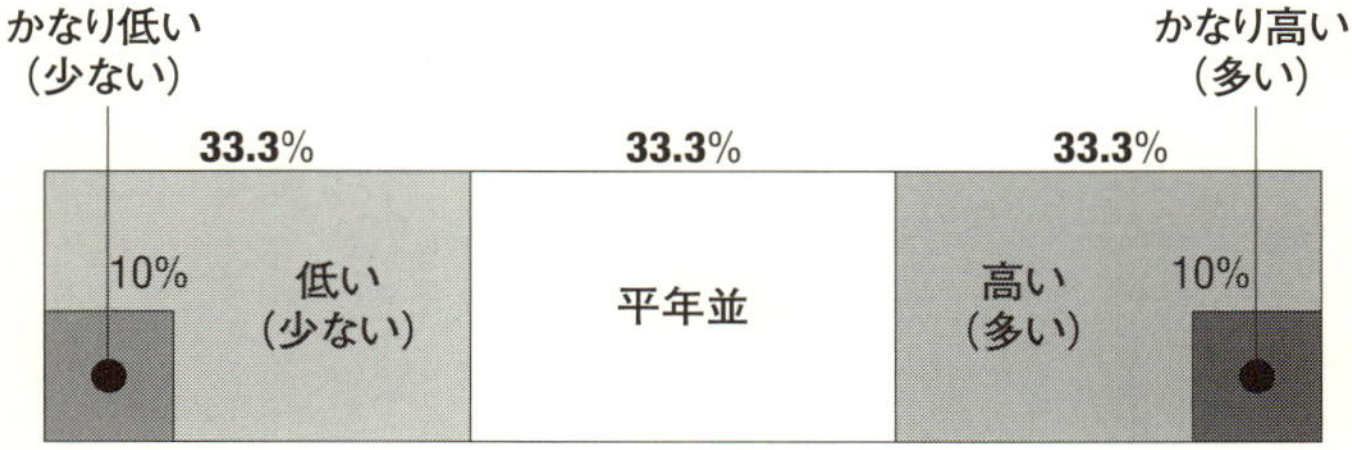

もしれません。

気象用語の定義としては、**「平年値」は過去30年の平均をとった値**になります。たとえば、東京の5月の気温の平年値は18・2℃。これは、ここ30年の平均からはじき出した数値です。

また、**過去30年のデータのうち、上の3分の1、下の3分の1を除いた真ん中の3分の1に入る部分を「平年並み」と呼んでいます。**

投資において、この「平年並み」を目指すのが分散投資です。

分散投資とは、資金をひとつに重点投下するのではなく、いくつかの銘柄（もしく

リスクを減らす分散投資

〈集中投資と分散投資の違いのイメージ〉

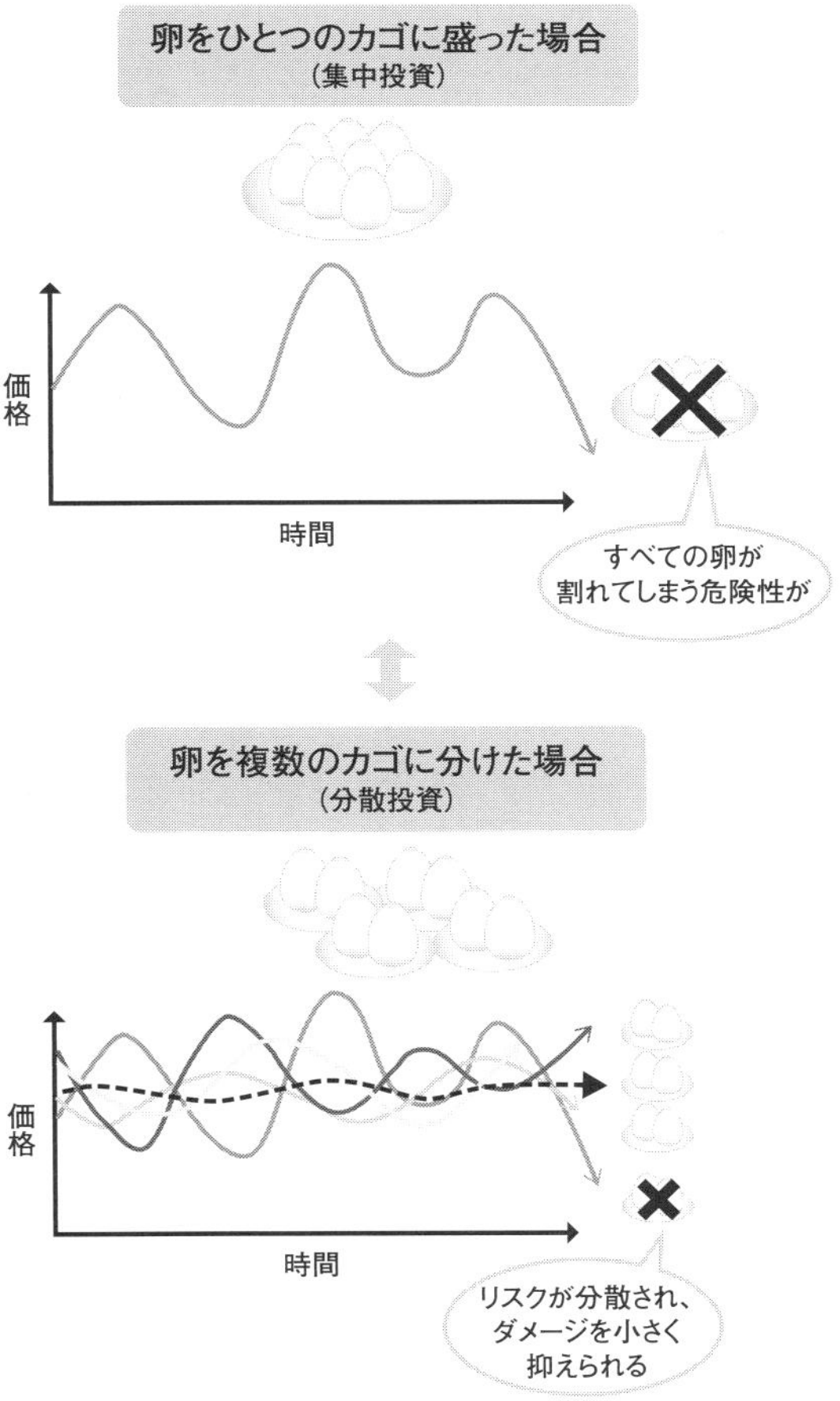

はいくつかの金融商品や国）に広げることによって、リスクを下げる方法のこと。

まさに、図にもあるように、ひとつのカゴにたくさんのタマゴを入れてしまうと、カゴがひっくり返った場合、すべての卵が割れてしまいます。タマゴとはまさに皆さんの投資資金。この大事なお金のリスクがヘッジできるよう、バランスよく投資するのが重要なのです。

投資先としては、経済の景気不景気が逆側に動くような、たとえば輸出産業と輸入産業のような組み合わせのなかから銘柄や商品を見つけるのが望ましいでしょう。そのなかでもオススメのやり方について、次項で説明していきます。

2-2. 株式市場全体の果実を享受する「インデックス投資」の効果

成長し続ける資本主義の成果が株式市場に反映されるのなら、すべての株を買えば絶対に損しないということになるんじゃないの？

その見方は実は正しいわ。だからこそ、投資の入口として私はインデックス投資をオススメしているの。

ちょっと待っていただきたい。株価の上げ下げこそが、儲けのチャンスです。いったい勝つ気があるのでしょうか？

最初は「勝つ投資」ではなく「負けない投資」を目指す姿勢が大切。いわば「平年並み」を目指せばいいの！

分散投資は前項のようなリスクヘッジというメリットがありますが、その反面、わざわざ投資先を分散するのは面倒だと思われた方も多くいるはず。確かに、自分ですべて買うべき銘柄を選んで資産を分散させるとなると、とても大変でしょう。

しかし、人が手を加えなくても、雪山の氷が春には必ず溶けて川へと流れだすように、オートマティックに行える方法があります。それが「投資信託」です。

投資信託は、自ら株を購入するのではなく、「ファンド」を通して間接的に投資します。各ファンドにいる専門家＝ファンドマネジャーに、銘柄や売買の時期など、資産の運用をお任せするのです。気象の世界にも気象予報士という専門家がいますが（私もそのひとりです）、投資の分野にも投資を肩代わりしてくれるプロの人々、会社がいるというわけです。

この**分散投資の効果を最大限に活かした投資信託が、市場の全銘柄を購入する「インデックス投資」**。全銘柄を買うということは、基本的にはその市場のインデックス（日本の東証なら日経平均株価など、アメリカのニューヨーク証券取引所ならS＆P〈スタンダード＆プアーズ〉500など）と連動した投資成績になるわけです。

さて、ここでちょっと専門的な話を。

株価がフラフラ動くことを**「ランダムウォーク」**といいます。瞬間々々の株価はその直前までのあらゆる情報や、あらゆる人々（市場参加者）の思いが織り込まれた結果であり、分単位や秒単位で見れば、株価は刻々と上下動し、フラフラ動いているように見えます。また、そのようにすべての利用可能な情報が、市場価格に適正に織り込まれているから、その数値は適切だという考え方を**「効率的市場仮説」**といいます。

ちょっと難しいかもしれませんね。これを天気で置き換えてみましょう。

ある町は晴れていて暑い。ところが、その隣町は雲が出ていてうすら寒い。

このような場合、気象現象では力学的な働き、具体的にいうと気温の差から風が吹いて空気が混ざることによって、地域的には自然に安定的な気候に落ち着いていく。

つまり、自然の環境、天気とはその瞬間々々、さまざまな要因を織り込んだ（適切な）状況になっているということになります。

株式市場でも、瞬間々々の株価はほとんど適切な値づけであり、そこで株価にちょっとした歪みが出ていても、気象で風が吹いて地域の天候を最適化するように、市場参加者がすぐに適価に戻してしまう習性があるということです。

つまり、市場の価格が適正ならば、（効率的市場仮説が正しいならば）市場全体に投資して、つまりすべての銘柄を買い、常に適正な市場の動きに従って、ずっと所有しておくというインデックス投資が、一番安定的に（リスクが小さく）おトクだという結論になるわけです。

無論、**資本主義体制下の企業は、生き残りをかけて儲けを出そうとするため「長期的には成長する」という前提条件があります**。ですから、市場の全銘柄を所有することで、成長していくであろう市場の「平均値」を狙えるのです。

この平均値は経済成長によって上昇していくので、仮に1社や2社の業績が振るわなくても、全体で見ればならされて利益が出ることになります。先ほど述べた分散効果のメリットですね。

インデックス投資は、真ん中くらいの成績、つまり市場平均（＝平年並み）の成績という「そこそこ」を目指すものですが、それでも十分な投資成績を得られます。

アメリカのペンシルベニア大学ウォートン・スクールのジェレミー・シーゲル教授が、長期の投資成績を調べたものを図にしました。

株式市場全体の実質トータルリターン（1802～2001年）

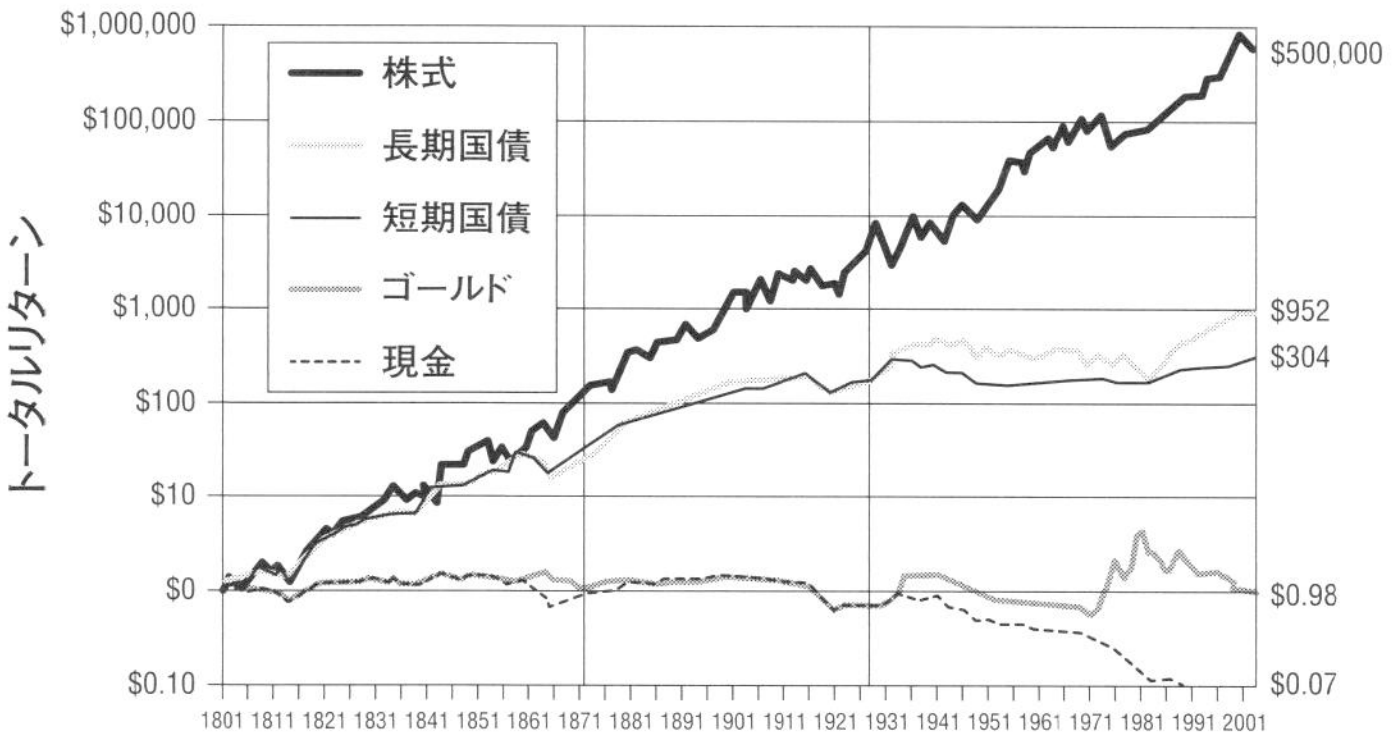

シーゲル教授は、著書『株式投資の未来　永続する会社が本当の利益をもたらす』で、過去200年（1801～2001年）の資産（株式、長期国債、短期国債、ゴールド、現金）への投資結果を調べ、**現金はインフレの効果で大きく目減りする一方、株式は圧倒的なリターンがあることを証明**しました。

さらにここで注目したいのは、**株式のリターンは「市場全体のリターン」**であること。市場全体には当然ながら、よい会社もあれば悪い会社もありますが、**悪い会社を含めた平均値であっても、株式投資は圧倒的なリターンがある**というわけです。

単利と複利の大きな違い

100 万円を年利 3%で 10 年運用すると……

・単利の場合

100 万円 ×0.03=3 万円 ×10 年=トータルリターン 300,000 万円

・複利の場合

1 年目：100 万円 ×0.03=3 万円／

2 年目：（100 万円 +3 万円） ×0.03=60,900 円／

3年目：2年目（100万円+3万円+60,900円）×0.03=9,2727円

⋮

9年目：30,4773円／

10年目（100万円+3万円+……+30,4773円）×0.03=トータルリターン

断然おトク！

343,916円

つまり、「平年並み」を目指すものであっても、株式投資のうまみをそのまま享受できるのがインデックス投資ということになります。

インデックス投資は、ファンドを長期間保有すれば分配金として元本の数%を年に数回受け取ることができ、しかも**元本と分配金の合算額に利子がつく「複利」で資産が、年を追うごとに急カーブで増えていきます。**

ちなみに私は20代のころ、利回り3%の個人年金に加入したことで複利の力を学びました。25歳で加入した個人年金は、毎月1万5000円を65歳までの40年間積み立

てます。ただ積み立てただけの場合、合計額は720万円ですが、3%の複利で回った年金は、最終的には65歳から1700万円以上返ってくることになります。

このように複利の力を味方につけた投資では、利益が雪だるま式に増えていくことになるので、得るものは年を追うごとに、どんどん大きくなるわけです。市場は上げ下げを繰り返しながらも長期的には成長していくので、資産をゆっくり、かつ確実に増やすために、インデックス投資は非常に効果的な投資法といえるでしょう。

事実、実際の研究でも、**市場全体に投資をするインデックス投資は、個別株を運用する投資信託（アクティブファンドといいます）よりもおおむね好成績を叩きだしています。**私が、初心者にオススメするゆえんです。

さらに、投資先を分散させることのほかに、投資する時間を分散する手法もあります。資金を一度に投下するのではなく、投資する「機会」を分散させて、短期的には高値づかみがあったとしても、平均回帰の恩恵により長い目で見れば投資効果も平均的に上がっていくことを狙ったものです。これは次の項で説明しましょう。

2-3. 定期的な収入があるからこそ、積立投資で負担を減らそう！

分散投資がリスクを減らすことになるのはわかるけど、結局投資をする手間自体は変わらないわけでしょ。

ですよね。だからこそ、そんな地味なやり方などせず、ワタシのようなプロの意見を聞いて、株を売り買いしたほうが儲かるんですよ。

売り買いの手間は働く人にとって、けっこうな負担なの。みんな働いていて定期収入があるんだから、それに合わせた積立投資が一番ラク。しかも、ムダ遣いも減るし……。

え、なんでムダ遣いも減るんですか？

ここまで説明してきたインデックス投資を含む投資信託のメリットのひとつとして、個別株投資と比較して資金が少なくて済むということが挙げられます。**商品によっては100円や1000円という少額からスタートすることができ、途中から増減額することも可能**です。

そこで、その特性を生かし、たとえば毎月、あるいは毎週、一定額、一定数の投資信託を定期的に買い続ける「積立投資」にチャレンジするのはいかがでしょうか。

貯蓄をするにも、現在の低金利ではまったくお金が増えていきませんが、前述のように投資をすれば、元手が〝複利〟で増えていきます。つまり、長期で持てば持つほど資産の増加スピードが上がるわけです。

積立投資の場合、いったん設定を済ませれば、その後は自動的に決まった期日に投資が行われます。わざわざパソコンに張りついて注文をする必要もないため、**忙しいサラリーマンにとって投資の入り口として、非常にオススメ**なのです。

先述のとおり、未来の予測が難しい株式市場においては、短期的にいつ買うか、いつ売るかなどのタイミングを図るのは、意味のある行動ではありません。チャートを毎日見て懸命に売買時期を探っても、うまくいく保証はどこにもないのです。

ならば、タイミングについてはなにも考えず、毎月、もしくは3カ月に1回程度、決まった日に買いつけるような投資法でもいいわけです。私も、ある程度の金額はなにも考えることなく、月初に自分で決めた分だけ自動的に投資しています（詳細は次項で）。

とにかく**サラリーマンの利点は、定期的な給与収入があるので、月単位の投資がやりやすい**ということ。しかも、毎月ある程度投資に回すという、いわば〝約束〟をしているわけですから、ついつい余計なものまで買ってしまうムダづかいも改善できるでしょう。

浪費が減り手元資金が増えるとともに、将来への資産がどんどん増えていくわけですから喜びも大きく、投資だけではなく日々の生活全体のモチベーションもアップしていきます。

あなたが、平穏なときはあまり天気を気にしていないように、普段の投資が毎月、機械的に買いつける方法であれば、日々の株価の上げ下げにも惑わされずに済むことでしょう。

確かにミスターマーケットがボヤいたように、一見すると地味で面白味がない投資法に思えるでしょうが、ムリせずお金を増やせる入門編として最適の金融商品といえます。もちろん、長期間にわたって持ち続けるということが前提になっているので、まさに「平均回帰の法則」による資産増加の恩恵も味わえるわけです。

2-4. 働く人がもっとラクになる「重み付け投資法」という極意！

定期的に投資をするとなると、逆に高値づかみしてしまう危険性もありますよね

さすが、よくおわかりで。

いいえ、ドルコスト平均法なら、高値づかみせずに済むわよ。プロなのにそんなことも知らないの？

もちろん知っています。ただ、上り調子の市場では必ずしもトクしませんよ。

だからこそ「重み付け投資法」にするの。

なんですか、それは!?

では、私がオススメする積立投資の具体的なやり方を見ていきましょう。

繰り返しになりますが、市場は長期的には必ず平均回帰していきます。ですから、これを踏まえ、たとえば毎月決まった日に資金を分けて投入していくと、高値づかみのリスクをヘッジできます。それが**「ドルコスト平均法」**という買いつけ方法です。

投資信託には「基準価額」というものがあります。基準価額とは、投資信託の価格のことで、「くち」という単位を使って表します。1口（一般的な取引は1万口から）あたりの価格は、当然、運用結果により変動します。

そこで、その特性を利用して、**いっぺんに買いつけるのではなく、時間的に分散して購入すれば、長期的には買値が平均化され、ものすごいトクをすることが少ない反面、大損する危険も回避できる**わけです。こうした投資方法を「ドルコスト平均法」といいます。

次ページの図を見てください。この図の1年の最初にまとめて買ってしまうより、毎月12回に分けて買ったほうが平均的な買いつけ単価が下がって、結果的に口数を多く買うことができます。

ドルコスト平均法の買いつけイメージ

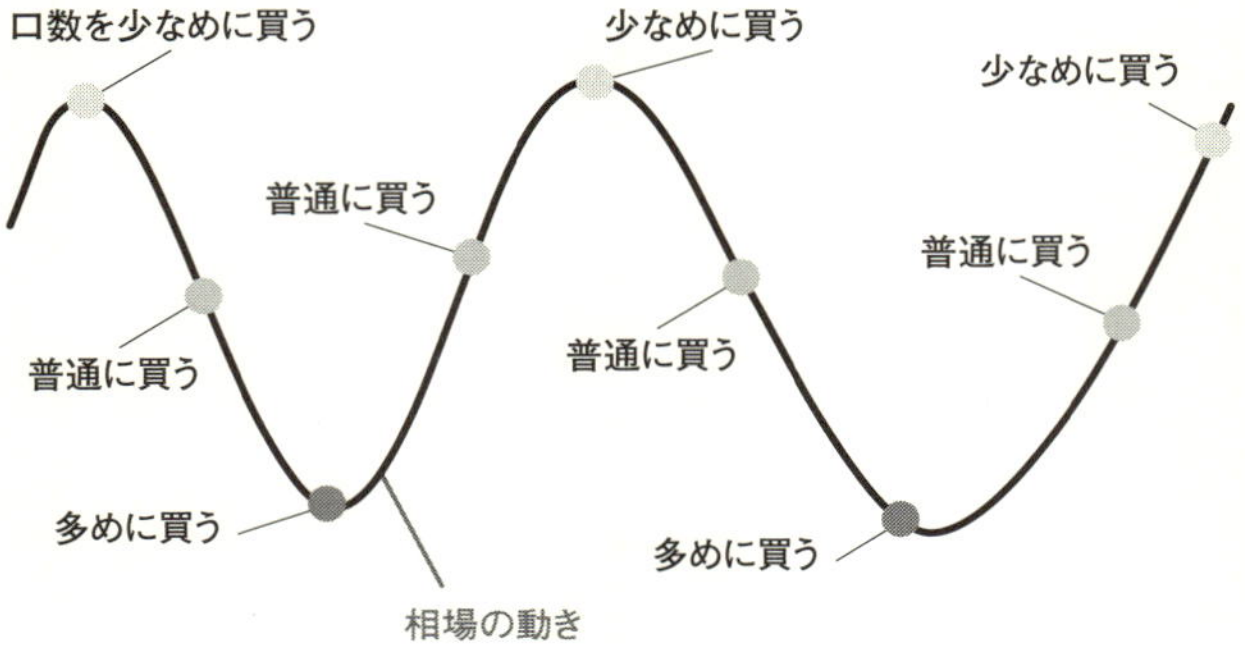

このように、**買いつけを口数ではなく金額を等分するので、価格が高いときの購入数量を少なくし、逆に安値のときには多く購入できるのが大きな特徴**です。

さらに大きなメリットとして、自動的に毎月投資を行うというルールに従っていればいいので、落ち着いた気持ちで投資ができることが挙げられます。まさしく、寛容な日本人の心にのっとって投資ができるわけです。

ただし、ドルコスト平均法にも弱点もあります。たとえば、バブルが弾ける前までの日本株を例に考えてみましょう。あの当時のようにずっと相場が一本調子で上がっ

2018年3月31日の重み付け投資法①

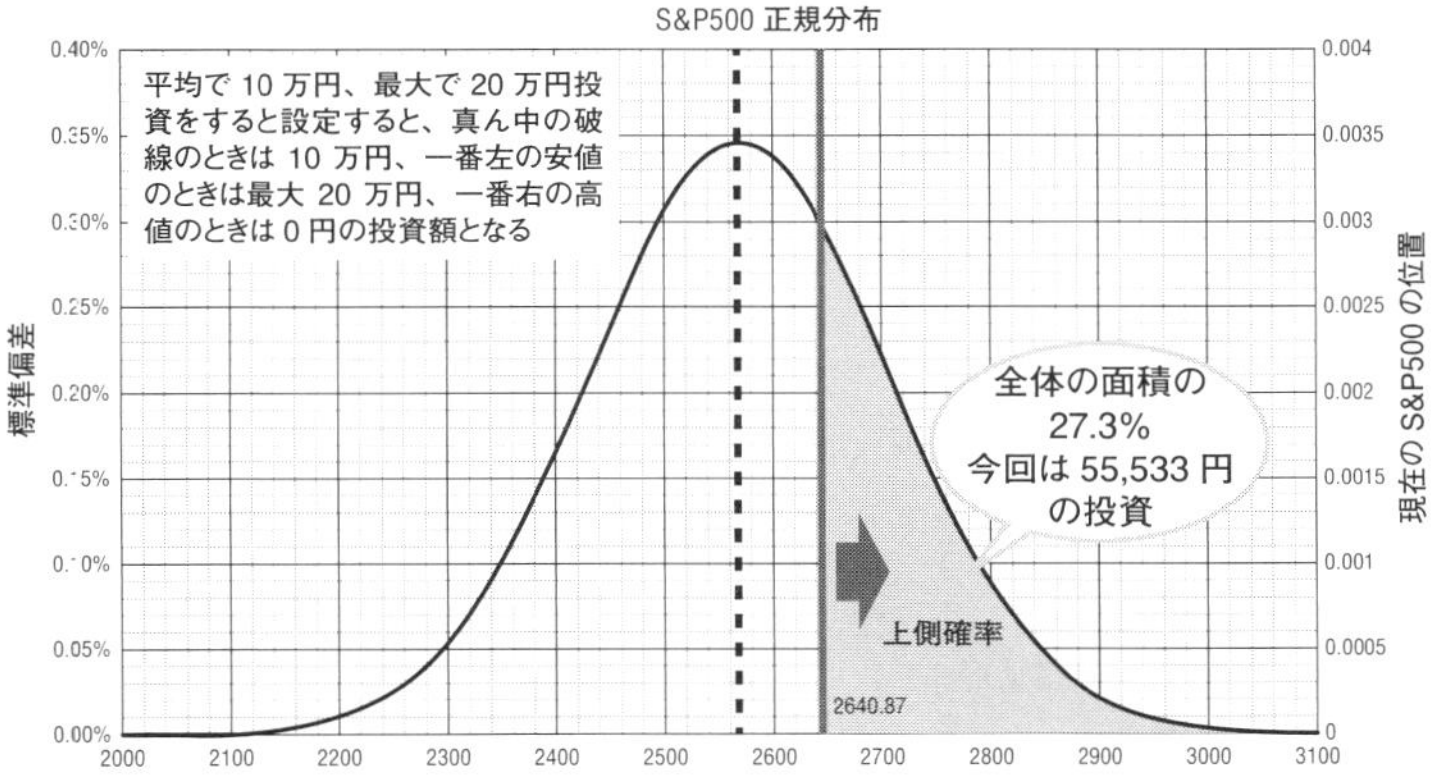

ている場合、結果として安値がついている年初に一括で買うのが一番おトクで、ドルコスト平均法のルールに従うとソンしてしまいます。つまりドルコスト平均法は、相場が波を打つように変動しているときに、特に有効な方法であるわけです。

そこで、ドルコスト平均法をブラッシュアップして、より投資成績を上げる方法を考えてみました。それが**「重み付け投資法」**です。

ドルコスト平均法は、1年に買う分を毎月の12回で割って、平均的に12分の1の量を買いつけていきましたよね（年間の投資額が120万円だったら毎月10万円）。それに対し、**条件によって買いつける量を変**

2018年3月31日の重み付け投資法②

日付	2018/3/31	
現在のS&P500	2640.87	
過去1年平均	2562.97	過去1年間のS&P500の平均値
-1 σ	2430.83	1標準偏差（1リスク）下側
+1 σ	2695.11	1標準偏差（1リスク）上側
上側確率	27.8%	割高側の確率密度
標準投資額	100,000	基本投資額（自分で設定）
最低投資額	0	少なくとも投資をする最低額（自分で設定）
最高投資額	200,000	投資する最高額（自分で設定）
投資額計算値	55,553	今回投資する計算額

える。これが「重み付け」なのです。

重み付けの方法は恣《し》意《い》的だと無意味なので、ある一定のルールで機械的に計算結果を出せるようなシステムを考えます。今回、推奨する方法は、正規分布を条件とした方法です。

具体的に、私が採用している方法をもとに説明しましょう。

前ページの図のように過去の株価をもとに、正規分布の図を描くことができます。エクセルを使えば簡単にグラフができ上がりますが、ここはまずは見るだけでＯＫです。この図は、過去１年のＳ＆Ｐ５００をベースにしています。

この図の真ん中が過去１年の株価の平均

値で、この線を中心にデータがばらついていたことを示しています。その結果、第1章の項目「1－2」で説明した1標準偏差（1リスク、1σ）などがわかるわけです。

さらに図上のタテ線は、2018年3月の値となっています。このグラフの状況だと、現在地は過去1年の株価に比べてかなり高いところ（右側）にあるのがわかります。この線より右側にある部分の面積分を上側確率といって、現在値より高い値がつく確率を表しています。2018年3月では、27～8％です。全体の確率は山、全部の面積で100％です。

今回の重み付けは、この確率を利用して買いつける額を変動させようという試みになります。

図のような状況だと、過去1年の株価に対して現在（3月31日）はかなり高値の状況ですので、買う量が少なく、今回買付量は5万5553円と計算されました。**ドルコスト平均法だと10万円で買いつけるところですが、過去の株の平均値より高い値にあるため、買いつけ量を抑えた投資額になった**のです。もちろん現在の株価が過去より低いときは、買いつけ量が増やされる計算になります。

以上の方法で、重みをつけたドルコスト平均法の計算式を設定し、それに従って投資をするわけです。

さらに、この「重み付け積立投資」が、本書がオススメする投資法、またその銘柄に合致しているかを検証しました。

２００4年1月から２０１７年12月までの比較的変動がある14年間で、ドルコスト平均法と今回の重み付け投資法を比べたところ、重み付けのほうが16・２％投資成績がよくなっています。

重み付け投資の「積み立て」についてですが、長期に積み立てていく方法ですので、「平均回帰」の法則を効果的に利用できますね。

また、「重み付け投資法」では、相場が下がったときに多く買いつけていくことができます。

銘柄については、「太陽」のように長期に成長していく銘柄を選ぶ必要があります。

私は、アメリカが今後も数十年は成長する国であると思っていますので、米国株のインデックスファンド・ＥＴＦを選択しました。

なお、毎月の投資額は私のブログ「Fair Value Investment 公正価値投資」（http://fairvalueinvestment.blogspot.jp/）で公開しています。10万円を基準値としていくら投資すべきかを公開していますので、毎月1万円を基準値としたい方は、その10分の1を投資すればよいことになります。ぜひ、ご参照ください。

2-5. 自分の年齢が気になるなら「高配当」も選択肢のひとつに

ここまで聞いてきましたが、それでもやはり自分の持ち株の株価が下がれば、イヤでも気になってしまいそうで……。

どうしても株価の上げ下げが気になるというのなら、配当に注目してみたら。

おやおや。高配当株にはリスクがあるのをご存じではないのでしょうか。日本でも某家具会社が話題になったでしょうに。

重要なのは、高配当株の企業をどう見るかなの。配当とある数値を比べてみると一目瞭然なだけどね。

ぜひ、教えてください！

もうひとつ、とりわけ私と同世代の初心者に向けて大事なことをお教えしましょう。

数々の失敗や恐怖体験を経て、自身の投資法を確立していった結果、投資に対する私の心がまえは安定しました。しかしその一方で、歳をとってくると新たな問題も生じてきます。

それは、**リスク許容度がどれくらいかという問題**です。

資金的に余裕があれば自身が何歳であってもある程度リスクもとれますが、**それなりの年齢になると、持ち株の安定性というファクターが重要**になってきます。

そこで注目したいのが**「配当」**です。

企業の株価の上昇によるキャピタルゲインに対して、配当は年1、2回、米国株であれば四半期ごとの年4回、企業が投資家に利益を還元します。これは投資家に対する絶対的な約束ごとではありませんが、配当をなくしたり（無配）、配当を減らしたり（減配）すると株を売られてしまうことがわかりきっているので、経営者としては基本的に出さないわけにはいきません。

したがって、そうしたプレッシャーのなか、連続的に配当を増やしている会社や、

高い配当利回りで投資家に還元している会社＝経営者が自社に投資してくれる人たちにきちんと報いようと取り組んでいる会社と見なせるわけです。

このような会社の株を所有していると、安定して現金が得られるため、定年退職後の方など中高年以上の投資家にとってはリスク許容度が少なくて済む分、ありがたい存在といえるでしょう。

ちなみに、アメリカには、25年以上も毎年配当を増加し続けている企業（連続増配企業）が１００社近く存在します（25年以上連続増配企業は「配当貴族」と呼ばれます）。**このような会社を保有し、自分の持ち株を安定させることも重要**でしょう。

私もここ数年は、アメリカの高配当株、特に毎年増配している企業を少しずつ増やしています。

では、いわゆる高配当銘柄の割合をどう上げるか、ですが、その前に、高配当の意味を改めて確認しておきましょう。

「配当利回り」という言葉がありますが、これは「一株あたりの配当（ＤＰＳとい

アメリカ企業の連続増配ランキング

順位	企業名	ティッカー	連続増配年
1	アメリカン・ステイツ・ウォーター（水道業）	AWR	63
2	ドーバー（水道業）	DOV	62
2	ノースウェスト・ナチュラル・ガス（ガス）	NWN	62
4	エマソン・エレクトリック（電力）	EMR	61
4	ジェニュイン・パーツ（水道業）	GPC	61
4	パーカー・ハネフィン（水道業）	PH	61
4	プロクター・アンド・ギャンブル（医療、生活用品、美容）	PG	61
8	スリーエム（製造業）	MMM	59
9	ベクトレン（水道業）	VVC	58
10	シンシナティ・ファイナンシャル（金融業）	CINF	57
11	コカ・コーラ（食品）	KO	55
11	ジョンソン・エンド・ジョンソン（医療、生活用品、美容）	JNJ	55

います）」を「現在の株価」で割ったものになります。仮に、Aという会社の株が７０００円で、配当が１４０円だとすると、配当利回りは１４０円割る７０００円で、２％となるわけです。

低金利の現在では、配当利回りがだいたい３～４％以上の株が「高配当」といえるでしょう。ただし、単純に高配当であればいいというわけではありません。高配当株には、高配当なりのリスクを含んでいるからです。

さきほどの式から計算し直してみると、配当利回りが高くなるには、分子の１株あたりの配当が大きいか、分母の現在の株価が低いという可能性があります。この内訳

を見て、無理して配当を出していないかをチェックしたほうがよいでしょう。言うまでもなく、無理して配当を出している企業はリスクが大きいと考えられます。

ここで例として、おそらく皆さんもニュースなどでも見聞きしたことがある、大塚家具の事例を見てみましょう。大塚家具は業績低迷の余波もあり、配当利回りが5％を超えるときがありました。原因は株価の低迷です。経営権を巡るゴタゴタがあった本業において苦戦しており、株価を下げていました。分母の株価が下がると計算上、自動的に配当利回りが上昇します。

実際、業績が下がった大塚家具は、分子の1株あたりの配当も下げざるを得ない状況になり、これにより決算発表後の配当利回りも自然と低くなっていきました。このような銘柄を捕まないようにしたいものです。

やはり配当に関していうと、先ほど例に挙げたアメリカの連続増配企業のような強い会社が狙い目。分母となる現在の株価が安い場合は、おのずと配当利回りが高くなりますし、暴落時にはさらに配当利回りが高くなるはずです。こうしたチャンスをとらえていきましょう。

大塚家具の株価推移

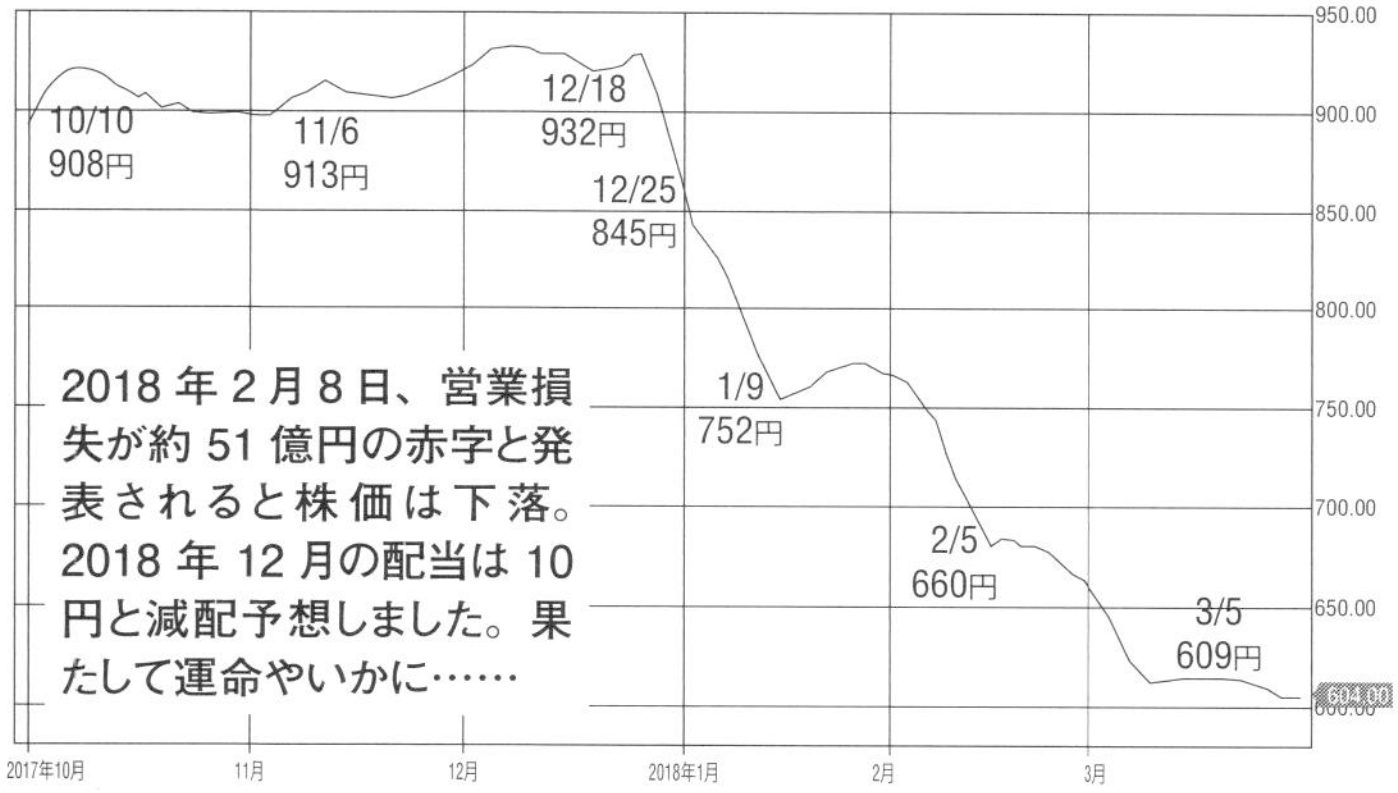

大塚家具の一株配当履歴

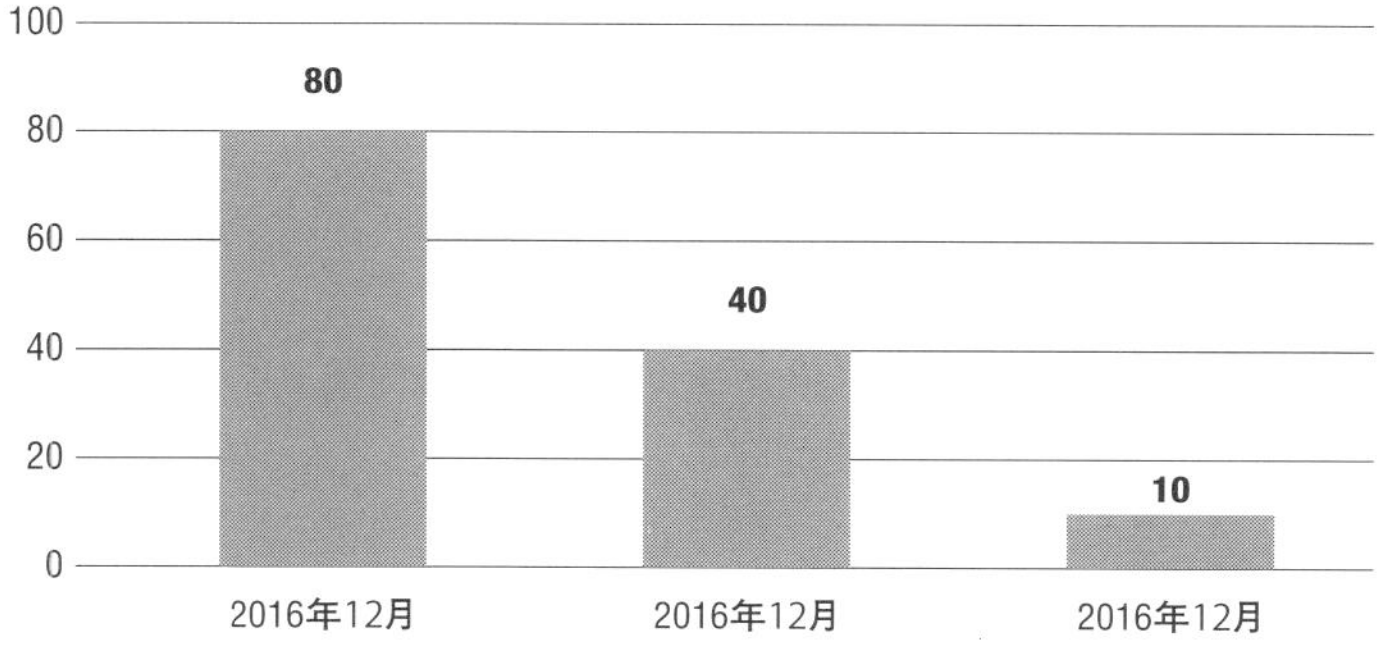

2-6. 誰も教えてくれない、証券会社を使い倒すコツ

うん、インデックス投資や高配当株の意味もようやくわかってきたぞ。じゃあ早速……って、そういえば、最初はなにをすればいいんでしたっけ？

それでしたら、ワタシの勤めるミスマ証券に口座を開いちゃいましょう。

ちょっと待って。手数料はどうなっているの？

そりゃ、なるべく安めに……。

証券会社を選ぶ際にまずチェックすべきは手数料。その理由を教えるわ。

おそらく、投資初心者のほとんどの方が悩むのが、証券会社選びではないでしょうか。私も10数年投資をしてきて、トライ&エラーでさまざまな証券会社に口座を開いてきました。

その間、投資環境の激変によって、証券会社はますます競争にさらされてきていると感じます。では、どのような証券会社が使い勝手がいいのか。さまざまな証券会社を利用してきた経験から、初心者にオススメの証券会社の条件を挙げてみます。

①手数料が安い

②外国の証券の場合は、さらに為替手数料が安い

このふたつがキモのキモです。

「なんだ。手数料ばかりじゃないか」と思われたかもしれませんが、とにかく、投資初心者が陥りがちなのが手数料のワナ。

儲かると思って投資を始めたものの、手数料についてはまったく気にしていなかった(というか知らなかった)ため、「投資の収支はプラスでも、手数料を引いたらトントンだった……」なんてことも少なくありません。

私も投資を始めた当初は、かなり手数料に泣かされました。**投資成績を知らない間に悪化させる大きな要因となるのが、証券会社に支払う手数料**なのです。

手数料には大きく分けて3つあります。買うときに払うもの。年間の手数料として毎年払うもの、そして売るときに払うもの。このなかでも、**毎年払うものは「信託報酬」などという名前で、自分の投資信託の成績がプラスだろうがマイナスだろうが、資産の総額に数%かかります。損をしていても引かれていってしまうので、ここを低額に抑えるのが非常に重要**なのです。

近年では証券会社間の競争も激しくなっていることから、投資コストは低くなる傾向にあります。特にネット証券は秀でていて、ＳＢＩ証券や楽天証券をはじめ低コストの証券会社が多くあります。また、近年はインデックスファンドやＥＴＦの手数料が極めて安くなっています。

低い手数料の投資先を選択できるよう、それらの商品を扱っている証券会社を選びましょう。

各証券会社のポイント

企業名	特徴	評価
SBI 証券	・投資商品が豊富（国内株、外国株、債券、FX、金、NISA、iDeCo などほぼ網羅） ・楽天証券と並び、手数料が業界最安値 ・WEB インターフェースが直感的で使いやすい	◎
楽天証券	・SBI 証券と同様に、投資商品が豊富 ・SBI 証券と同様に、手数料が業界最安値 ・WEB インターフェースが直感的で使いやすい	◎
内藤証券	・中国株に強い（強かった） ・中国株の手数料はやや安め ・インターフェースは古めかしい	△
マネックス証券	・米国株の取扱銘柄がナンバーワン ・米国株取引は TradeStation を仕様 ・手数料は安め ・メニュー構成が体系化されておらず、インターフェースが使いづらい	○
大和証券	・ネット専業証券ではなく、手数料が高め ・インターフェースは古めかしく使いづらい ・取扱銘柄はやや少なめ	×
エイト証券	・昔は、ユナイテッドワールド証券で中国株に強かった ・現在は、外国株（中国株、米国株）から撤退 ・ロボット取引に注力している	筆者は、保有株をすべてSBI 証券に移し、現在利用なし

「たかが手数料……」とあなどっては証券会社の思うつぼ。「これまで世話になってきた会社だから」とか「わざわざ変更するのは面倒」などと考えず、抑えられるコストは極力抑えるよう心がけたいものです。

また、外国株などを購入する際に発生する②の為替手数料も要チェック。ここでガッポリ手数料を取る会社も多いですのでご注意ください。

金融商品の選択については自分の戦略や戦術などに合わせて自分で選べますし、ある意味自己責任ですが、一度選んでしまった証券会社の手数料は、自分ではいかんともできません。しかも、手数料は事務手続きをするたびに毎回かかります。

とにかく、ムダな出費が増えないよう、投資する前に気をつけましょう。

郵便はがき

料金受取人払郵便

牛込局承認

5559

差出有効期間
平成31年12月
7日まで
切手はいりません

162-8790

東京都新宿区矢来町114番地
神楽坂高橋ビル5F

株式会社ビジネス社

愛読者係 行

ご住所 〒 TEL:　（　　）　FAX:　（　　）		
フリガナ お名前	年齢	性別 男・女
ご職業	メールアドレスまたはFAX メールまたはFAXによる新刊案内をご希望の方は、ご記入下さい。	
お買い上げ日・書店名 年　月　日　市区町村　書店		

ご購読ありがとうございました。今後の出版企画の参考に
致したいと存じますので、ぜひご意見をお聞かせください。

書籍名

お買い求めの動機

1　書店で見て　2　新聞広告（紙名　　　　　　　　　）

3　書評・新刊紹介（掲載紙名　　　　　　　　　）

4　知人・同僚のすすめ　5　上司、先生のすすめ　6　その他

本書の装幀（カバー），デザインなどに関するご感想

1　洒落ていた　2　めだっていた　3　タイトルがよい

4　まあまあ　5　よくない　6　その他(　　　　　　　　　)

本書の定価についてご意見をお聞かせください

1　高い　2　安い　3　手ごろ　4　その他(　　　　　　　　　)

本書についてご意見をお聞かせください

どんな出版をご希望ですか（著者、テーマなど）

第3章

株は「ゲリラ豪雨」を狙え！

～どしゃ降りの後ほど青空はまぶしく輝く！～

3-1. 株で果敢に攻め入る際に、気をつけるべき「価値」とは？

さあ、入門編は終わりよ。ここからはいよいよ「攻めの投資」に入っていくわ！

なるほど、ミセスウェザーの辞書に「攻め」はあるんですね。お手並み拝見です。

いよいよ攻めですか。で、気をつけるべき点はなんなのでしょうか？

じゃあ、まずは私の代わりにピーター・リンチさんとウォーレン・バフェットさんの話を聞いてみましょう。

ムムム。なかなかいいところを、突いてきますね。

投資初心者は、前章で紹介したような気楽な投資法から始めていただければと思いますが、これはあくまで「守りの投資法」です。慣れてきたら、ぜひ本章で紹介する「攻めの投資法」も活用していただければと思います。

イメージは、**前章は晴れの日ののんびり投資、ここからはあえて雨のなか、果敢に外に打って出る感じ**です。

ちなみに私は、「晴れ」と「雨」のハイブリッド仕様で投資活動に日々いそしんでいます（具体的な活動内容は第4章にまとめてありますので、ぜひご覧ください）。

まず、個別銘柄についての考察していきましょう。ここで大事なのは、個別銘柄の「価値」です。

価値について、投資の世界の名言があります。

アメリカの天才投資家ピーター・リンチ氏は、次のように述べました。

——しばしば数ヶ月間、時には数年間の株価の動きと企業業績の動きには相関関係が見られないときがある。しかし、長期にわたっては、企業の成功と株価の上昇には密接な関係がある。両者の不均衡に着目することが、株で利益を上げる秘訣である。成功している企業を辛抱強く持ち続けることが、必ず良い結果に結びつく

また、皆さんもご存じ、世界ナンバーワンの投資家ウォーレン・バフェットは次のように述べています。

――なぜか価値ではなく、価格で動く人がいる。（中略）株式を買う最もくだらない理由は、価格があがっているから、というものである。投資は合理的に行わなくてはならない。理解しないことをやってはいけない

――この世で金持ちになりたければ、２つしか方法はない。新たな価値を生み出すか、真の価値を知ることだ

リンチさんもバフェットさんも、要は**「重要なのは企業価値で目先の株価ではない」**ということが言いたいのでしょう。

しかしながら、現実として企業価値と価格にはかい離があります。つまり、企業の

本当の実力とリアルな株価にギャップがあるということです。

これをどう投資戦略に組み込むのか。これから具体的に見ていきましょう。

なお「価値」と「価格」、「企業価値」と「株価」の細かい関係性については、私のブログ「Fair Value Investment 公正価値投資」を参照してみてください。

3-2. 株投資は「ゲリラ豪雨」こそがチャンスになる！

価値のある会社を安値で買えっていうけど、具体的にはどんなときが狙い目なのかなぁ……。

それは、やはり毎日チャートをちゃんとチェックして、下げの傾向のあるときに、一気に買い出動をかける。これしかありませんね。

それは大間違い。狙い目はハッキリしているわ。チャンスはズバリ「ゲリラ豪雨」のときよ！

はあ !?

「割安株投資」という投資法があります。

「はじめに」でも紹介した、バフェット氏の師匠でもある投資家、経済学者のベンジャミン・グレアムが元祖で、株価が実力以上に安く放置されている企業を見つけて、投資を行う手法のことです。

企業の財務諸表を分析することにより、その企業の実力（企業価値）と株価（会社の価格）にかい離があるものを定量的、数値的に見つけ出し、そこに先回りして投資をし、やがて企業の実力が見直されるのをじっくり待つ……。

個別の銘柄を買うということになれば、このように**企業価値と価格のかい離に着目しないわけにはいきません。**やはり、買うタイミングは「安い」に越したことはありませんから。

テクニカルな面では、これが私の投資法のベースになっています。また、基本的に「売る」という概念がないので、注目すべきは当然ながら「買い」における割安時ということになります。

もちろん、安ければなんでもいいというわけではないのは、過去の失敗経験からイヤというほど学びとりました（やはり詳しくは第4章で）。狙いはあくまで、強い企業＝桜前線・太陽銘柄がお買い得なときです。

では、狙うべき割安時というのはどういうときでしょうか。

それは**ズバリ「暴落」が起きたとき**です。

なにをもって「暴落」と呼ぶかは人によってさまざまで、数値化された定義というものはありません。ただ一般的には、市場平均株価の変動率が数日間で2ケタの低下をした場合とされることが多いようです。２００８年9月にアメリカの大手投資会社リーマン・ブラザーズの経営破たんに端を発した「リーマンショック」などが、その代表例ですね。

あのときは、たとえば9月29日の1日でニューヨークダウ市場が７７８ドルも下落（下落率マイナス6・98％）。10月15日にも下落幅７３３ドル（下落率マイナス7・87％）を記録し、約半年後の２００９年3月6日には、リーマン・ブラザーズ破たん前日の9月12日に比べて、マイナス43・４％の６４６９ドルまでニューヨークダウ市場は下落しました。

このような暴落時には、たとえ強い企業＝桜前線・太陽銘柄であっても、株価は大幅に下落します。

暴落というのは人をパニックに陥れるので、経験豊富な投資家でさえ、もっとも大事にするべき「企業価値」の判断を誤ることが多々あります。そして、不安に負けた結果、往々にして価値ある株を投げ売りしてしまうのです。

投資のプロでもそうなのですから、サラリーマン投資家などは、なおさら投げ売りに出ます。

自分が持っている株が桜前線・太陽銘柄だと信じていたとしても、

「みんなが売っているのだから、ヤバいのかも……」

と心が揺らいでしまい、多くの人が価値ある株を手放してしまうのです。

そして、不安がさらに不安を呼んで、株式市場は大混乱に陥ります。これまでバブルに沸いていた市場が急転直下、奈落の底へ落ちていくような暴落に見舞われるのは、さながら突然の**「ゲリラ豪雨」**のようなものです。

ちなみに、天気予報でよく出てくるために耳にすることも多い「ゲリラ豪雨」という言葉は、気象学における正式名称ではありません。

ただ、実は約50年も前から、川の急な増水や土砂災害などをもたらすさまが、まるでゲリラ組織による奇襲攻撃のようであることから、この言葉が使われていました。そして、次第に一般化していったのです。

一方、市場においては、投資家の不安が〝群発〟し、やがてそれが大きなかたまりになると「暴落」が起こります。そして、「底がないのではないか」と思わせるほどの株価下落が投資家を襲うのです。

暴落時は持ち株の価格が下がるわけですから、普通であれば誰もが悲しくなることでしょう。

しかし、私はそういうときこそほくそ笑んでいます。なぜなら、視点を変えてみれば、**暴落時は桜前線・太陽銘柄も軒並み下落しているので、そのような価値ある銘柄を安価で手に入れられる**からです。

私の投資戦略では安易に株を買うことはしません。その理由は、こうしたときが必ず来るのがわかっているから。そして、機を見計らって買いを入れる。つまり、

「突然の豪雨のときこそ、積極的に外に打って出る！」

これが、私にとって「平均気温戦略」と並ぶ2大投資法のひとつ、「ゲリラ豪雨投資法」なのです。

前章で紹介したような「守り」の方法ではなく、よりアクティブな投資法ですので、この方法を使いこなせば、投資が断然楽しくなると思います。

ちなみに、一般的に株価が下がったときに株を買い増していく方法は「ナンピン買い」とも呼ばれます。これは、もともと「難」=「困難」を「平」らにする、つまり「平均化する」という、江戸時代の米相場の専門用語が語源といわれる言葉。株価の変動による損失を平均化するテクニックとして株式投資の本でよく紹介されます。

しかし、「ゲリラ豪雨投資法」は、ナンピン買いのような〝テクニック〟の話ではありません。

なぜなら**長期保有を前提として「桜前線・太陽銘柄」を所有し続けており、株価が下がったくらいの理由では売らないことが大原則**だからです。

ゲリラ豪雨と同じように、暴落も永遠に続くわけではありません。1年ほど株価が低迷することはあっても、数年単位でみれば必ず株価は回復します。上がり続けているアメリカの株式市場を見れば一目瞭然でしょう。それが桜前線・太陽銘柄であればなおさらのこと。

一定期間、株価が下がり続けると、次第に不安が増してくるでしょうが心配いりません。強い会社は必ず「平均回帰の法則」によって、その会社に見合った適正価格に戻り、さらに業績と連動して株価も力強く上昇していきます。

だからこそ、そうした**強い会社の株を安値で仕込むことができる＝バーゲンセールになっている暴落時こそがチャンス**なのです。

3-3.「100年に一回の暴落！」という世間にはびこる大ウソ

「ゲリラ豪雨」は「バブル崩壊」ということですよね。となると皆さん、一生儲けられないでしょう。日本のバブル崩壊もリーマンショックも、「100年に一度」と言われる出来事ですからね。

これはさすがにミスターマーケットの勝ちでしょう。ボクだってそれくらい知っているもんね。

ホントにバブル崩壊って「100年に一度」のことなの？　データを見て言っているんでしょうね。

もちろん。ただ、念のためご意見うかがいましょうか。

この35年を見ても、これだけのバブルが発生！

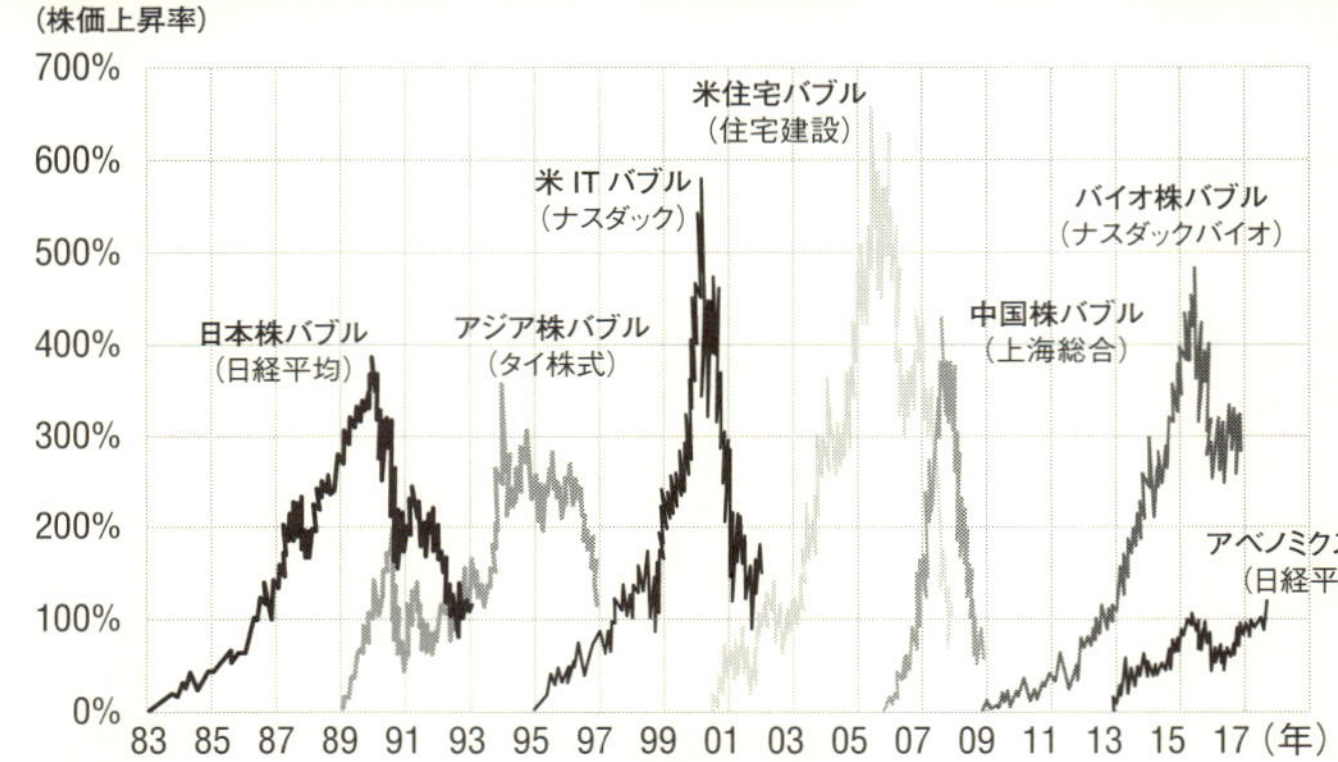

出所:Bloombergのデータより楽天証券経済研究所作成（1983年初〜2017年10月27日）

市場における「ゲリラ豪雨」＝暴落を狙うと述べましたが、「暴落なんてそんなにしょっちゅう起こるの？」という疑問もあるでしょう。

結論から述べます。

「割とあります」

２００８年に起きたリーマンショックのような「１００年に一度の現象」といわれるような大暴落に限っても、上の図にあるように、１９００年以降で何度も発生しています。

１９２９年の「暗黒の木曜日」、１９８７年の「ブラックマンデー」、２０００年代初頭の「ＩＴバブル」などは、いずれもかなりのインパクトを人々に与えました。日本でも、いわゆる１９８９年にピークを迎えた「バブルの崩壊」はもちろんのこと、１９９０年代後半の「不動産バブル崩壊」など、大規模な暴落は思った以上の頻度で発生しています。

もちろん、暴落が起きたということは、その前まで「バブル」であったということ。暴落とバブルはいわばコインの裏表なのです。

ただし、たいていの場合、バブルは暴落があった後に、「あれはバブルだった」と振り返って認識されます。「まだ上がる！」と誰もが思っているうちは、人は「バブル」だと認識できないのです。悲しいことですが……。

いずれにせよ、**バブルと暴落が繰り返されるというのは、いかに人間の予測が当たらないかという証左**です。そのうえ、欲に目がくらんでしまうとますます冷静な判断を下すのが難しくなりますから、感覚や分析などというものが、いかにいい加減なのかがよくわかるでしょう。

私のように気象にかかわる仕事をしている人間はもちろん、みなさんも「やまない雨はない」ということを知っているはずです。雨の日が多少続いて「ジメジメしてイヤだな」と思っても、決して気分がドヨーンと奈落の底まで落ち込むことはありません。しかし、株価となると一喜一憂してしまう。それはなぜでしょうか。

欲がからむと冷静に見ていられない……。この心理が多くの投資家に宿ると、実際の株価は上昇、下落のいずれの局面においても加速がつきます。株価暴落時に顕著で、「売りが売りを呼ぶ」かたちになります。このような状況は、学術的に**「正のフィードバック」**と呼ばれています。

一方、気象現象ではどうでしょう。

気象では極端な現象が生じると、たとえば暑いところは周りの温度が低いところと差ができて、風が吹くことでそのギャップが埋められる気候が働きます。こちらの現象は逆に**「負のフィードバック」**と呼ばれます。

株式市場は、気象とは違い、人の思惑が働く分、正のフィードバックが働きやすく、そのために極端な株価になりやすいことを知っておきましょう。

それとともに、**バブルと暴落は繰り返されるという歴史的構図をあらかじめ理解しておくこと。そして、日頃から天気に接するような心で寛容な投資に向き合うことが**

正のフィードバック、負のフィードバック

	現象	気象と株式市場
正のフィードバック	現象が強まる方向に進む	・株式市場で顕著 ・人の思惑が、市場の加熱や株価暴落を生みやすい
負のフィードバック	現象を弱め、戻そうとする力が働く	・気象現象で、力学的にギャップを是正する ・ただ、超短期的には、ゲリラ豪雨などの極端な現象も発生する

できれば、意外と頻繁にやってくる「100年に一度」に対して、正しい行動をとれるはずです。

投資家の多くはあわてふためいているのですから、「暴落＝バーゲンセール」と心得ておく「ゲリラ豪雨投資法」でチャンスをつかみにいけば、正しく、かつおいしいリターンをきっと得られることでしょう。

3-4. 周囲の喧騒に気をつけたい、市場の「エルニーニョ現象」

ゲリラ豪雨になる前がバブルというなら、その兆候をどのように見きわめればいいのでしょうか。いざ暴落だと思って買ったら、いつの間にか持ち直して結果高値づかみ、などということはプロでもしてしまうことですが……。

そこです、一番怖いのは！

暴落の前にはそれなりの傾向があるの。いわば市場の「エルニーニョ現象」ね。そこをチェックするのよ。

エルニーニョ現象って、株と関係ないでしょ !?

それでは、暴落＝ゲリラ豪雨の兆候をどうキャッチすればよいのでしょうか。

はっきり言うと、世間の投資熱が上がっていることを感じたときは、暴落が近いと思います。**テレビや新聞、ネットで「バブル」が噂されるようになったら、「そろそろ弾けるかな？」と思ったほうがいい**でしょう。

基本的に投資は、今ある状況の一歩先を見なければうまくいきません。言い換えると、現在の状況に一喜一憂していてはダメで、市場の多くにはびこる気分と逆の発想をするのです。

世間を覆う雰囲気の逆に張るというのは、たとえば、それまで株と縁がなかった友人が「投資をしたい」と話しているとか、周囲が「臨海地域のマンションを投資用に買っておくか……」などと騒ぎ始めたら、これは「ゲリラ豪雨」、つまり暴落の兆候だと考えたほうがいいということです。

天気予報などで**「エルニーニョ現象」**という言葉をよく聞くでしょう。これは、太平洋の赤道付近から、本来は冷水の南米ペルー沖までの広い範囲の海面水温が平年よ

投資のエルニーニョにも要注意！

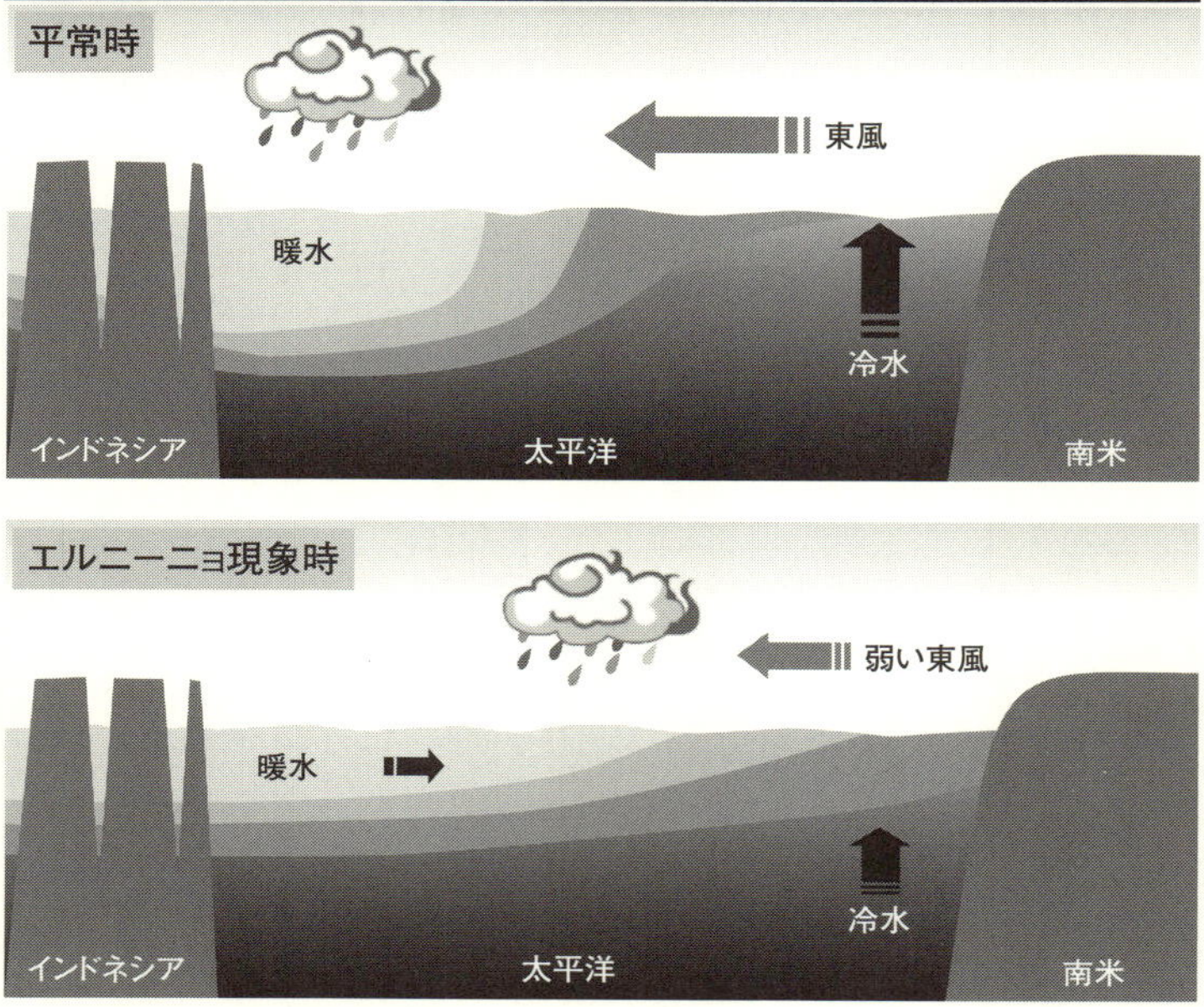

太平洋の熱帯で通常吹いている東風が突如弱まる現象がエルニーニョ現象。日本では、太平洋高気圧が東にかたより冷夏となりやすくなります。この現象は日本だけでなく、太平洋全体、そして地球規模で異常気象をもたらします。複雑な要因が絡み合うカオス現象は、このように突如として極端に変動するため、正確に予測することは難しいのです。投資の場合、変化の兆候があれば心の準備をし、本格的な暴落に備えましょう。

り1～2℃、ときには2～5℃も高まる現象のこと。数年おきに発生し、発生後は大規模な異常気象が起きます。

まさに、**世間の投資熱がエルニーニョ現象のように、いつもより過熱しているときは高値掴みをしてしまうピンチ**で、投資しても百害あって一利なし。

そうではなく、その後の調整を経てほどなくやってくる、波乱状態こそ、出動するときだということ。そこまでは、決して世間の〝熱〟にあおられて、大事なお金をつぎ込むべきではないのです。

3-5. リーマンショックは割高株の一大バーゲンセールだった！

暴落、暴落って言うけど、世の中的には誰も株なんかに手を出さないから安くなるわけでしょ。そのときに買いに行くなんて、ちょっとできそうもありません。

やはり忘れられないのが2008年9月のリーマンショックです。ワタシの同僚も軒並み職を失いました。ワタシはこのとおり、まだまだトップにいますが。ミセスウェザーも失敗したでしょう、当時。

結局、「失敗」をどうとらえるかなの。たしかに私もリーマンショックで損をしたんだけど……。

その続きが非常に気になります！

暴落が大チャンスと理解しても、いざ暴落の局面になると心穏やかでいるのは難しいものです。なぜなら、自身の持ち株の価格も当然ながら下がるからです。

それでも、平静を保つことが大事だということを忘れないでください。マゼランファンドを立ち上げた偉大な投資家、ピーター・リンチ氏が語った「20の黄金率」という名言のひとつに次のようなものがあります。

――株価の下落は、1月のコロラドに吹雪が吹き荒れるのと同じくらい、ひんぱんに起こることである。株価の下落は、あわてふためいて逃げ出した投資家が残していった割安株を拾う絶好の機会である

とにかく「暴落はチャンス。ピンチではない」と自分に言い聞かせること。人の複雑な心理が入り込んでこないところで勝負をするのが大事なのです。

前にも述べたように、リーマンショックの際、2000万円まで増やしていた金融資産があっという間に半分の値段になってしまったのですが、自分の所有していた銘

柄に自信をもっていた私にとって、この暴落はむしろ魅力的に映りました。そして、多くの投資家が頭を抱えるなか、私はむしろ「桜前線銘柄」を買い増していったのです。

そのときの桜前線銘柄は、中国の「ウェイガオグループ」という会社でした。

この会社は5年連続して30％前後の増収増益を記録しており、利益成長、売上成長に関しては合格点。医療機器販売から開発製造まで幅広く手掛けていて、中国山東省から広く中国市場全体に打って出て、まだまだ成長する余地が大きい状況でした。

日本でいうと「テルモ」の事業内容、成長状況と似ており、本業もバッチリのまさしく「桜前線・太陽銘柄」。ただ、そんなことに気づいている人は世界中でヤマのようにいます。そのため、市場での株価は明らかに割高でした。

ところが**リーマンショックが発生したことで、当時80万円ほど出さないと最低株数も買えなかった銘柄が一瞬で半額以下に下落。単元株を約28万円で買うことができた**のです。

あれから10年ほどたった現在、この会社の株価は4倍以上になっています。企業価値は変わっていないにもかかわらず、ただ市場でのみ価格が乱高下するわけですから、

「株価というものはホントいい加減なんだな」と、つくづく思います。

このように、暴落後、数カ月くらいはたいてい株価が低迷しますし、長く経済が停滞しているようだと、2、3年は安値のままということも。だから、その間はずっとチャンスなのです。

株式投資のバーゲンセールはある程度継続しますから、この期間ならいつ買ってもいい状況といえるでしょう。投資を10年、20年、30年の活動ととらえると、こういう低迷期はいつ買ってもたいした違いはありません。

どうですか。こう考えると、世間的にはピンチであるはずの暴落にも、余裕をもって臨めるとは思えませんか。「桜前線銘柄」を手頃な安い値がついたときに購入し、あとは放っておく。たったそれだけ。

こんな簡単な方法で、十分資産を増やすことができるのです。

3-6. 天気予報も株価のチェックも、気が向いたらでOK！

ミセスウェザーは、気象予報士ですから、四六時中データをチェックしているわけですよね。

そうですね。

当然株価もでしょ？

いいえ。株価なんてそんなしょっちゅうチェックしてもしょうがないでしょ。

それは違いますよ。やはり、市場が開いている間はチェックし続けないと。

そんなこと全然ない。株価のチェックなんて月イチでいいくらいよ。

株を「いざ買おう!」となったとき、当たり前ですが、どうしても気になるのが株価や企業のファンダメンタルズでしょう。そうしたデータは、第1章でも述べたようにヤフーファイナンスで定期的にチェックしておいたほうがいいと思います。

では、この作業はどのくらいの頻度で行うべきでしょうか?

毎日見るべきでしょうか?

それとも3日に1回程度?

天気予報を見て降水確率や気温をチェックするのは「毎日」という人が多いと思いますが、これはあくまでも「今日」「明日」のことにかかわるからでしょう。急な雨が降ってきても困らぬように、傘を持っていくなり合羽を持参するなり……といった対策が必要か否かを知るためです。

しかし本書の投資法では「今日」「明日」という時間軸は基本、意味はありません。長期投資が基本戦略なのですから、**短期的な株価のチェックは月1回程度でもいい**と思います。

日々の仕事が忙しいサラリーマン投資家にとっては、これくらいで十分ではないでしょうか。

実際、**私が株価をエクセルにまとめているのは月末のみ**です。帰宅後にも一応、株価情報は見ていますが、その目的は、投資のためというより世の中の流れを感じるためです。

ただし、ニュースサイトなどで暴落などのキーワードがあれば、その後投資のチャンスが出てきますので注意します。

株価の上げ下げや自分の資産が増えたかどうかは気にしません。毎日、数十万円単位で増えたり減ったりしますので、気にするだけムダ。強いていうと、１００万円単位で資産が減っていった場合は、株式市場が冷えて割安になってきている状況だと判断し、「そろそろ買う準備をしようかな?」という思考になるくらいです。

持ち株の合計が10%くらい減ってきたら、注意深く見るようにする。20%以上減ってきたら買う準備をする。30%くらい減ったら実際に買う、くらいの気持ちでいいと思います。

3-7. テクニカルチャートを見ても桜前線銘柄は絶対につかめない

投資をやっている先輩から「チャートも読めないのに株投資してんの？」って言われちゃいました。やっぱり、チャートは読めたほうがいいですよね？

当然です。なにを隠そうワタシもチャート主義者、チャーティストですからね。それに、世の中にもチャートの読み方を教える本が山ほど出ていますし。

あーあ。「企業はファンダメンタルズが大事」「企業診断の基準は、株価ではなく価値」ってあれほど言ったのに……。あ、ちなみにチャートは見るだけムダね。

どういうことでしょうか？　きちんと教えてもらいましょう（怒）。

ありがたいことに、近年、天気予報はよく当たるようになったといわれますが、これはホント。計算方法や初期値の気象観測誤差、その過程を地道に少しずつ改善してきた結果です。誇らしい限りですね、私が何かやったわけではありませんが（笑）。

天気予報は、具体的には気温や水蒸気量、気圧、空気密度といった変数を方程式にして、それをスーパーコンピュータで解いていくことにより未来予測をします。ただし、それでも百発百中というわけにはいきません。

たとえば皆さんが毎年、身近で接している台風を考えてみましょう。

台風は熱帯地域で、温かい空気が水蒸気を多く含むことによりエネルギーを蓄積し、そのエネルギーを開放するため温帯に向けて北上し、暴風雨をもたらすのです。

通常、熱帯地方にいる場合は、強い風の流れがないため動きが遅く、たいていの場合フラフラしていますが、北上し温帯上空に流れる偏西風（強い西風）に乗ったときから加速し、北および東方向に進行。この温帯で進行方向を変えた点を「転向点」と呼びます。

近年では、この転向点もスーパーコンピュータによって計算できるようになってき

予測が難しかった2017年の台風18号の転向点

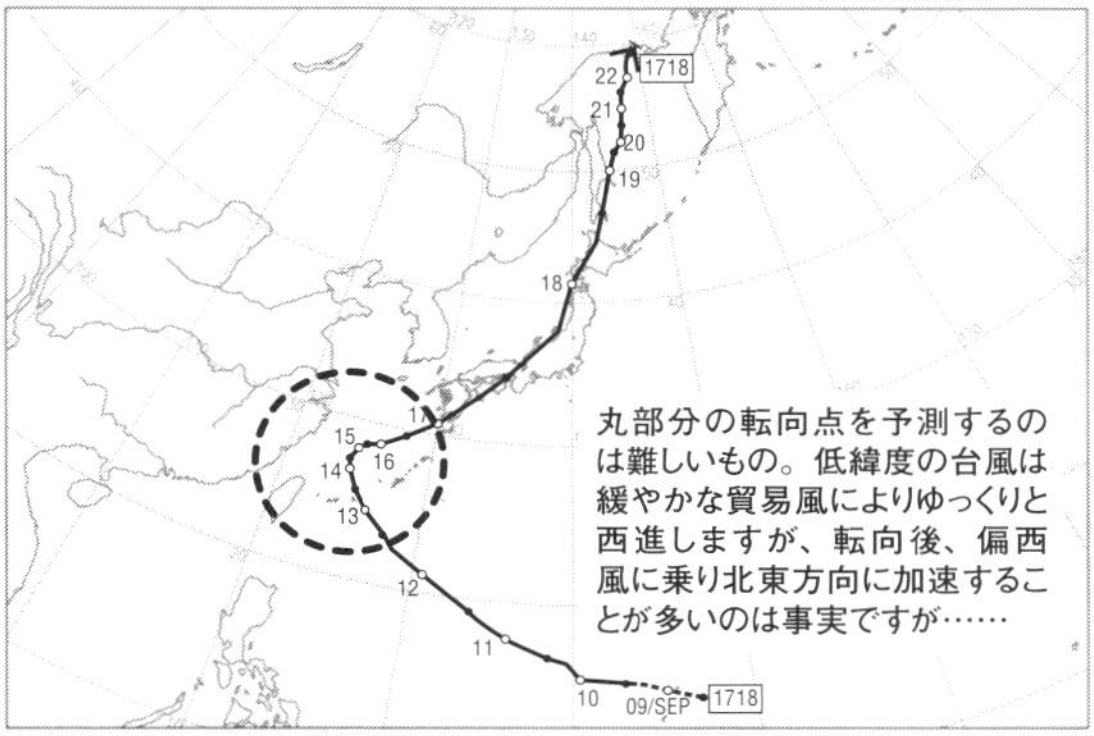
1718
22
21
20
19
18
17
15
16
14
13
12
11
10
09/SEP
1718
丸部分の転向点を予測するのは難しいもの。低緯度の台風は緩やかな貿易風によりゆっくりと西進しますが、転向後、偏西風に乗り北東方向に加速することが多いのは事実ですが……

出典　気象庁ホームページ　台風経路図
http://www.data.jma.go.jp/fcd/yoho/typhoon/route_map/bstv2017.html

たものの、偏西風に乗り切れず数日ウロウロすることも。このように気象予測のなかでも台風の転向点の予測は難しい部類に入ります。

さて、なぜこんな話をしたのか。それは、**〝チャート神話〟**の危険性を指摘したいからなのです。同じカオス現象である株式相場を見てみましょう。

チャートを見ると、台風の転向点のように過去、上げ相場から下げ相場になったポイント（転換点）がわかるような気になります。しかしながら、それはチャートを後づけで見ているからであって、**未来の転換点はまったく予測不可能**です。さらに、そ

チャートはマジック、いやマヤカシ！

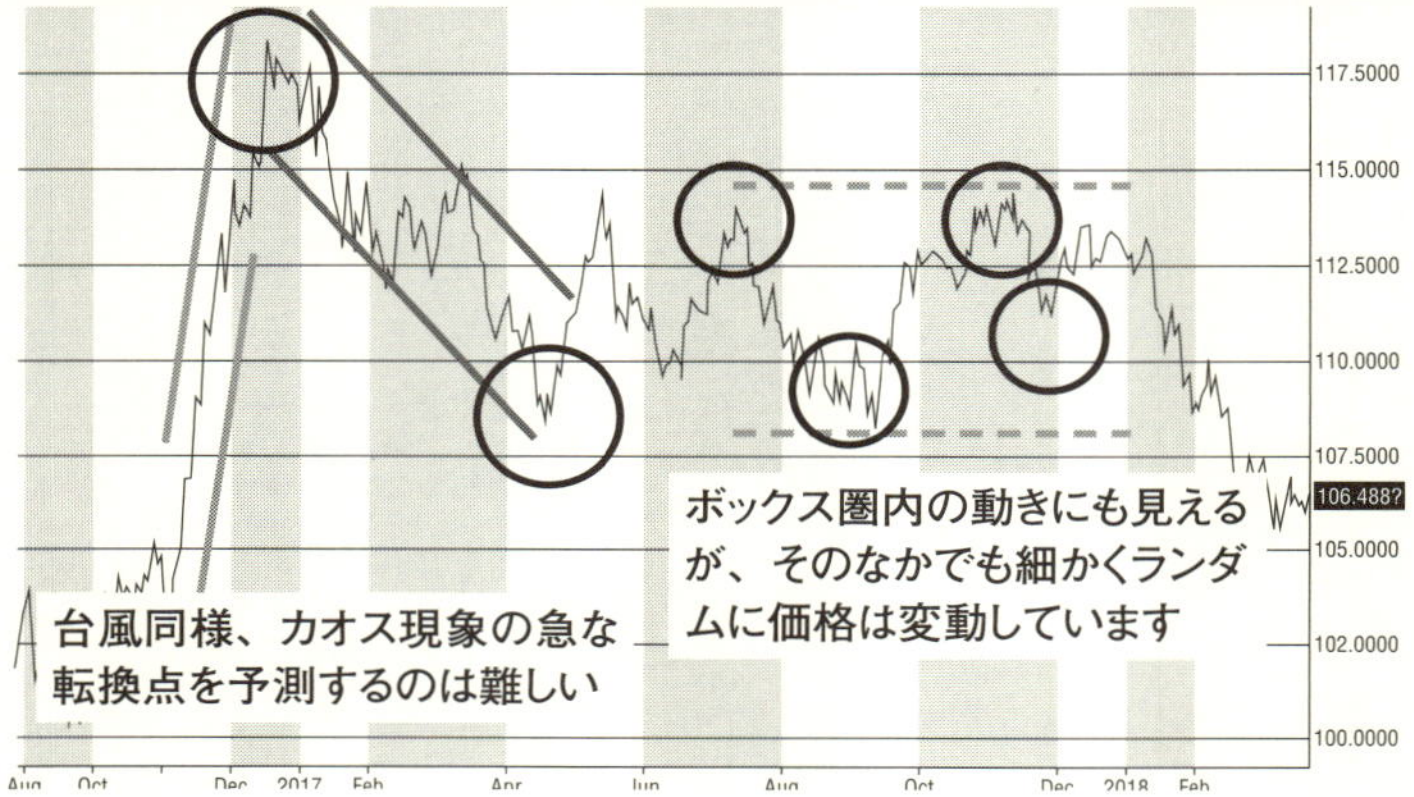

の後どれくらい山や谷を進むのか、予測するのは至難の業でしょう。

同じカオス現象ですが、比較的単純でスーパーコンピュータで計算できる台風の転向点と、一方、それよりはるかに複雑な株価市場……。

株価の未来を予測するのが、いかにムダで無謀であるかがわかりますよね。

実際円ドルチャートで、後づけの解説がいかに無意味か見てみましょう。

上のチャートは2018年3月頃の直近1年分のドル円チャートです。

サポート線的な実線を見ると、相場の動き、トレンドが転換しているように見えます。しかし、実はこの線は私がテキトーに入れたもの。なのに、転換点を示しているように見える……。これこそが、チャートのマジックです。

さらに、下落場面のチャートの左右両側にも、2本の実線を引きました。

左側の実線部分は、続きとなる右側のチャートがなければ、ずっと下落してしまうように見えます。実際にこのチャートをリアルタイムで見ていたら、丸印で示したような転換点は予想しようがなかったでしょう。

続いて右側の破線を見てください。その部分だけを見ると、いかにもボックス圏でもみ合っているように見えます。しかし、細かく見ると、丸印をつけた部分で転換していますが、これがチャートを見ているだけで果たしてちゃんと予想できるのでしょうか。もっと上に突き抜けたり、逆に下がっていくと予想しても、おかしくありません。

このように、**チャートを使えばいくらでももっともらしく説明できますが、それはすべて後解釈。未来のことで唯一わかるのは、価値あるものは長期的には「平均回帰」で、必ず適正な価格に戻るということだけ**なのです。

3-8. 株価の割安、割高の判断は感覚ではなくPERを基準に

チャートからなにから、これまでの基準を片っ端から否定くれましたね。では、逆にお聞きしたい。株価は割安で買ったほうがいいですよね。

そりゃそうよ。

その判断基準ってあるんでしょうか。できるだけ割安で買いたいのが、人情ですからね。

割安、割高感は第1章で説明した「1株利益（EPS）」からはじき出すPERを見るのが一番カンタン。購入前にぜひチェックしてみて。

右肩上がりで株価が伸びていく会社でも、日々の株価は当然ながら細かく変動しています。平均的な企業価値の伸びに対して、下にある場合はその株価は〝割安〟、上にある場合はその株価は〝割高〟です。では、実際にそれをどう判断すればいいのでしょうか。

企業の割安性をはかる指標のひとつに、「株価収益率（PER）」という数字があります。これは株価を、第1章の項目「1-4」で紹介した「一株利益（EPS）」で割ったものです。

PERを求めることで、時価総額（＝株価×発行済み株式数）が純利益の何倍まで買われているかを知ることができます。これにより、気になる銘柄への投資分が、どれだけの年数で回収できるのかをある程度知ることができるわけです。

PERはヤフーファイナンスに掲載されているデータで計算可能ですから、興味がある会社のデータから計算してみるといいでしょう。

なお、時価総額はヤフーファイナンスで気になる企業のページの「企業情報→連結決算推移」にあり、純利益は、同じく「企業情報→連結決算推移」と進んだ先にある

「当期利益」の数字です。

ＰＥＲは、業界にもよりますが、おおむね10倍以下だと割安と考えられています。「業界にもよる」というのは、ＩＴ業界など伸びが著しいところもあれば、さほど伸び代がない停滞した業界もあるため、異業界の企業同士を比較する際などには注意が必要だからです。

したがって、ＰＥＲだけで割安性を判断するわけにはいきませんが、目安のひとつにはなります。気になる企業が実力より割安なのか割高なのを常に意識し、購入する際にはぜひＰＥＲを確認してみましょう。

3-9. 投資の勝利をたぐり寄せる、「8割はガマン」という真実

なるほど、だいぶ買い時のこともわかってきました。では早速、桜前線・太陽銘柄にこだわって投資することにします。うん、思い立ったが吉日、いますぐ買いに行きしょう！

おお、ようやく始動しますか。ありがとうございます。つきましては、弊社の最寄りの支店は……。

ちょっと待って。桜前線・太陽銘柄を見つけるには「ガマン」が必要なの。自分が納得する安さになるまで待たないと、結局人気がある株を高づかみってことになりかねないわ。

それにしても、保有するべき「桜前線・太陽銘柄」というものは、すぐに見つけられるものでしょうか。

先に結論を言ってしまいましょう。

「探せばそれなりにある！」

なにも無責任に言っているわけではありません。ちゃんと巻末に私が選んだ銘柄を載せておいたので、よければ参考にしてください。私が過去にだまされた推奨銘柄と違い、少なくともきちんとした〝考え〟にもとづいて選んでいます。

さて、それでは「桜前線・太陽銘柄」を見つけられたとして、それらを購入する機会というのは、どれくらいあるものなのでしょうか。

もちろん、まずは**「ゲリラ豪雨」が一番のチャンス**です。ただ、投資資金がたまっているにもかかわらず、「ゲリラ豪雨」がやってこなさそうなときは、さて、どうすればいいのか。

長期的には「平均回帰の法則」により適正価格に落ち着いていくものの、短期的には振れ幅があります。ですから、もちろん狙うのは安値のときです。

しかしながら、おいそれと安値の買いチャンスはやってきません。実際、**8割がたはガマンの時期。言い換えれば、行動を起こせる機会は2割程度**です。

そういう意味では、儲け話にホイホイ乗らず無視を決め込むことも、投資で儲けるコツのひとつといえます。

当たり前の話ですが、価値ある会社は人気があり、ちょっとした暴落でもなかなか割安になりません。

ただ、皆さんは本業を持つサラリーマン、あるいは個人事業主兼投資家です。投資を仕事にしているわけでもありませんし、まして短期トレーダーのように、日々血眼になる時間もありません。ですから、やはり自分が納得する割安さが醸成されるまで待つべきでしょう。

いい会社の株を買える機会は、必ず何度も来ます。その機会をあせらずに待つことが大事なのです。

もちろん、**ガマンしている時間もプラスに転換するのが儲けるコツ**。重要なのは、その間に**企業業績や世の中の動きといったファンダメンタルを、なんとなくでもいい**

ので調べたり、考えたりすることです。

そのうえで「桜前線・太陽銘柄を選ぶ→割安になるまで待つ」という正しい手順を踏む。そうすれば、投資での成功へと大きく近づけるはずです。

3-10.「上がる株ほどよく上がる」に潜む株式投資のカラクリ

ご説明は承知しましたが、ただやはり人にガマンを強いるのは、いかがなものでしょうか。買いたければ買う。それでいいのでは。波に乗り遅れたら、それこそ責任取れるのでしょうか？

ですねぇ。せっかく買う気になったのに、「ガマンしろ」って言われても……。

「上がる株はよく上がる」っていうでしょ。あれの本当の意味って知ってる？

まったく知りませんが……。

なら早めに知っておいたほうがいいわ。でないと私が実際に体験した「喜び」を一生感じられないかもしれないし。

「上がる株ほどよく上がる」、あるいは「高い株ほどよく上がる」という言葉を耳にした方もいると思います。このような感覚は、投資をしている人ならば、一度は実感したことがあるのではないでしょうか。自分の持ち株か否かは別として。

どうして高い株はよく上がるのかというと、**「株価上昇の倍率は線形的ではなく、指数的」**だからです。

「なんのこっちゃ？」と思われたかもしれません。では、ここでひとつ私の持ち株である、中国の不動産会社「万科《ばんか》企業」の株価を見てみましょう。

この会社は、中国の深圳《しんせん》を拠点とする不動産ディベロッパーで、中国の不動産業界でシェアナンバーワンの会社です。私が買った15年前にすでに、この会社は売上、利益ともに成長路線に入っていて、「桜前線銘柄」「太陽銘柄」の位置づけでした。

購入後は株式分割を繰り返し、購入株数は5倍以上となっています。そうした株式分割を考慮すると、購入株価は1香港ドル強。そして現在の株価は30香港ドルですから、株価は28倍くらいとなっています。いわゆる10倍株、テンバガーをはるかに上回るリターンですね。

では、この株が倍々で増えていく年数を見てみましょう。

購入から約2年で株価は2香港ドルを超え2倍になり、4年後に4倍、6年後には8香港ドル＝8倍となりました。ここまでは、ちょうど2年ごとに倍になった感じですね。

その後、いろいろな調整があって、株価が16香港ドルを超えたのは購入から約12年後のこと。つまり、株価が16倍となるまで12年かかりましたが、それでも、ならすと約3年ごとに倍々で増えていった計算となります。

ガマンして株を持ち続ける投資家は、あるときこの「倍々現象」の喜びを感じます。

買ってから2倍になった期間に対して、「2倍から3倍になる期間がやけに短かったな」と気づくわけです。同じ100％分が増えたはずなのに、2倍から3倍になるときは加速がついて、半分くらいの期間で利益が積み上がっていきます。

また、3倍くらいを超えていくと、4倍、5倍へと勝手にどんどん増えていき、投資の楽しさを、さらに実感できるしょう。こうした〝気づき〟は、株を売らずにずっと持っていないとわかりません。

逆に、100%分増えたからと、すぐに売ってしまう投資家は、2倍になる感覚のまま手仕舞いをしてしまうので、企業の成長の加速度の楽しさ、資産があっという間に増える楽しさを、いつまでたっても実感できません。

成長株投資は正直、簡単な投資法ではありませんが、投資をするからには楽しさと喜びが大事だと思います。そのためには、ガマンが必要。その**ガマンの先に、企業の成長とともに自分の資産が勝手に増えていく喜びが待っている**のです。

よい企業＝「桜前線銘柄」「太陽銘柄」を、ゲリラ豪雨投資法で安く手に入れたら、あとは3倍以上になるまでガマンして保有する。これが楽しみながら資産を増やしていく大事なコツなのです。

3-11.「晴れ」と「雨」が逆転する、投資における「リスク」の考え方

そもそもの質問です。たとえ市場にゲリラ豪雨が降ったときに買うにしても、リスクというのは常につきまとうわけですよね。このリスクというものを、どう考えればいいのでしょうか？

リスク管理はワタシにお任せください。たとえ、損を出してもそれを補って余りある銘柄をご紹介しますよ。なんと言ってもゲリラ豪雨時は株安なわけですし。

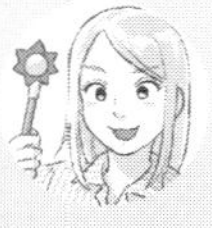

珍しく意見が一致したわね、ミスターマーケット。もっとも、結論に至るまでの思考プロセスは絶対に違うだろうけど。ま、せっかく「リスク」という言葉が出てきたから、図を見ながら説明していきましょう。

システムのリスクの対応方法

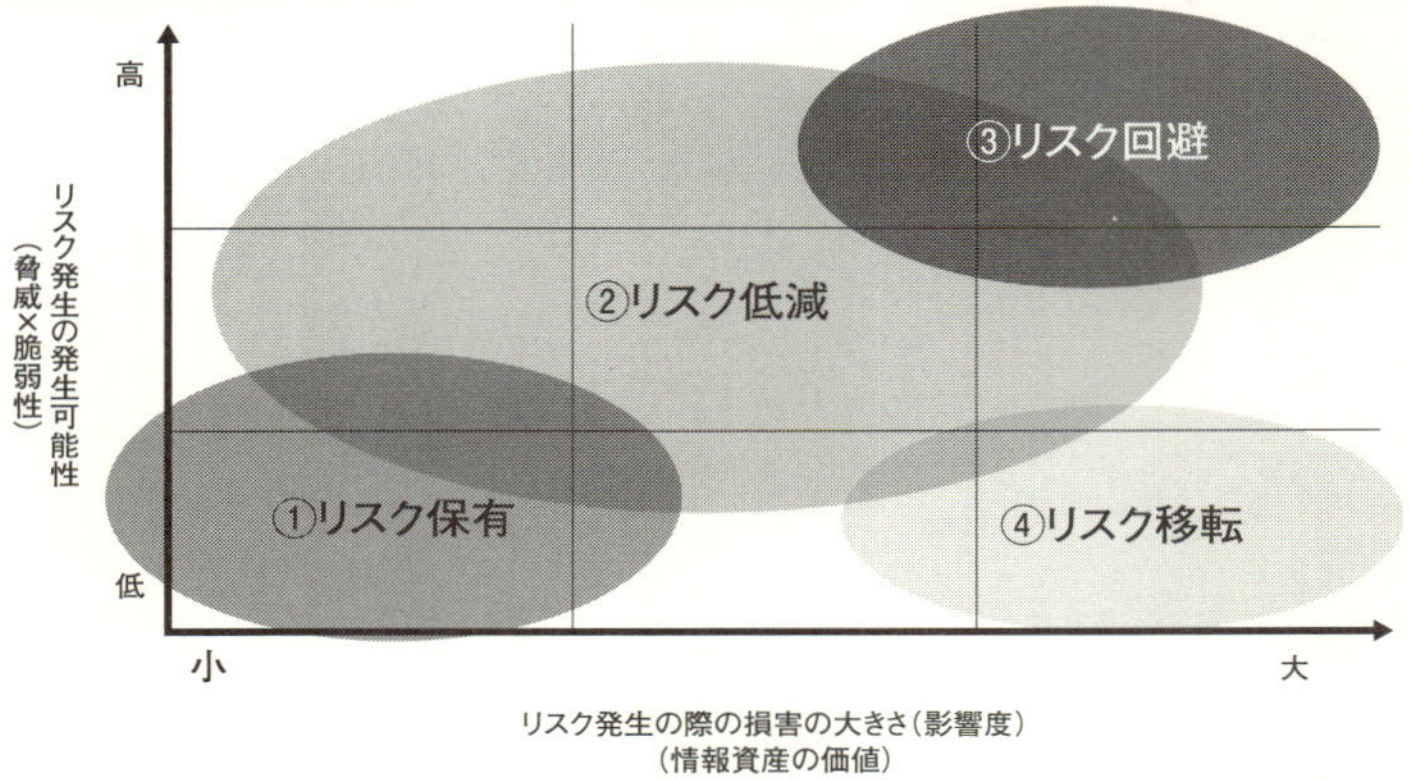

本書では、ここまで何度か「リスク」、そしてリスク回避やリスクヘッジについて説明してきました。では、株式投資におけるリスクとは、どういう意味があるのか。改めて、リスクの本質について考えていきましょう。

天気や投資のようにばらつきがあるものを、「頻度」と「大きさ（規模）」で分類して、最適な対応方法を考えていく手法があります。

私は日本気象協会でシステム管理も行っていましたので、ここではシステムにおけるリスクの対応方法を例にとります。

上の図はもともとシステムのリスク（シ

株価の変動リスクの対応方法

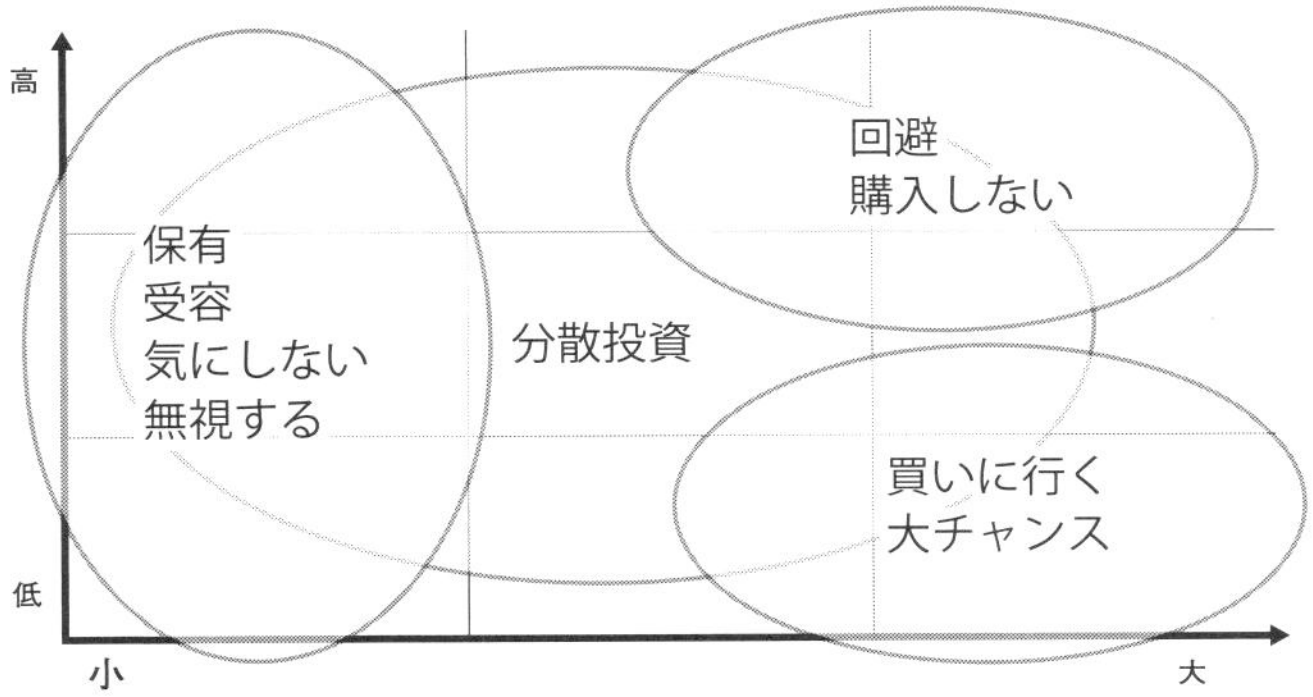

ステム障害やウィルス攻撃などのシステムセキュリティ）にどのように対応するのがよいかという方法を考えるためにつくられた図です。

システムリスクでは、あまり発生せず影響も少ない左下の領域ものは、①リスク保有という対応で、つまり無対応、起きてから考えることとしてリスクを「受容」します。

中程度の発生頻度でそれなりに影響もある、真ん中の大きな領域は②リスク低減で、事前に対策を打ったり、「予防措置」をとります。

発生頻度が多く影響も大きいものは、③リスク回避と考え、その危ないシステム自体を「除去」して違うものに入れ替えたりして対応します。

頻度は少ないですが影響が大きい右下の領域のものは、④リスク移転で他社に外注したり、損害賠償で保証をしてもらったりします。つまり「保険」のことです。

このような対応方法を、株のリスク、つまり大暴落や日々の株価変動に対する方法に応用したのが前ページの図です。

これまで話してきたように株式投資のリスクは、株価の変動が大きいということになります。グラフの横軸はリスクの大きさですから、株価変動が右に行くほど大きいということ。縦軸はリスク発生の頻度で、株価変動が始終起きているものは上のほうに位置します。

左下の影響が少ないリスク、つまり小さい日々の変動は「受容」します。本書がオススメするのは株を長期で持つ投資法ですので、こんな日々の小さい株価変動は相手にしません。要するに、どうでもいいわけですから、日々の株価などは見ないということ。ここに位置する株はいわゆる安定した会社の銘柄、いわゆる太陽銘柄となりますので、買った後は、ただ見守るだけです。

次に、右上の頻度が高くて影響も大きい部分を見てみましょう。これは値動きが大きい（＝ボラティリティの高い）銘柄ということになりますが、このような極端な株は論外です。当然ながら「購入しない」となりますね。ここの株は、プロの機関投資家らに〝オモチャ〟にされているような上下動の激しい不安定な株です。当然、手を出さないのが一番となります。

真ん中の領域は、Ｐ１５０の図で表したシステムリスクでは②リスク低減という、予防措置の対応方法でした。株式投資の場合、「分散投資」で複数の株を保有することでばらつきを抑え、資産の変動をマイルドにします。前章で紹介したインデックス投資、「重み付け投資」の手法です。

最後に右下の部分が残りました。株式投資で頻度が低くて影響が大きいリスクというのは、いわゆる「大暴落」にあたります。

この対応方法については、システムにおいては④リスク移転で「保険」を考えましたが、株式投資では保険はありません。通常、大暴落になると、みんな心穏やかに過ごすことができず、最悪大事な持ち株を安い値段で手放してしまったりしますが、この領域での対応方法は、もう皆さんおわかりですよね。

そう、「価値」に対して「価格」が大きくかい離するこの瞬間を、「チャンス」ととらえる。大暴落はバーゲンセールの始まりですから、株を売るどころか、買いに行くチャンスとして行動するのが正解なのです。

投資に対して儲けを大きくするために「投資額を抑える」という発想は誰にでもあるだろうと思いますが、その具体的な方法を「大暴落時にこそ買う」としている人はそう多くはありません。

これを、天気で考えると次のようになるでしょう。

「晴れ→どこに行くにも混雑する→ピンチ」
「曇り→様子見」
「雨（豪雨）→人が少ないから実はお出かけチャンス！」

つまり、みんなと同じでは成功の果実は得にくいので、その逆を行く。常にこう考えておけば、効果的な投資ができるはずです。

3-12. 絶対に一線を超えてはいけない、投資とギャンブルの境界線

意外と、いろんな手を使って資産を増やしているんですね、ミセスウェザー。少々見直しました。

ですね。やはり、テクニックを使わなきゃならないということはわかりました。やっぱり、そうしないと市場に食われますから……。ただ、先述の先輩から「信用取引にもチャレンジしよう」と言われました。これはどうでしょう？

やっぱり出たわね、「信用取引」。いい機会だから、投資のNGについても説明しておくわ。

この章の最後に、投資をする際に気をつけたいけれど、なかなか気づきにくい点を指摘しておきます。それは**株の「流動性」**です。売りたいときに売れない、買いたいときに買えない状況を「流動性が低い」といいます。要は、銘柄を買ったり売ったりしやすいかどうかという話です。

流動性が低い投資の例として、代表的なのが不動産投資です。

不動産の取引は、ほとんどが「相対取引」といって一対一の取引となります。不特定多数の投資家がいる市場と違い、相対取引の場合は、仮に売らなければいけない状況になったとしても、買ってくれる人がいなければ売買は成立しません。

同じく流動性が低いといえるのが商品市場や先物市場、オプション市場などが挙げられます。これらは相対取引ではなく市場があるため売買は自由ですが、そもそも参加者が少なく、**参加している人もプロやセミプロなので、素人のサラリーマン投資家が勝負するようなステージとはいえない**でしょう。

もうひとつの注意点は、信用取引についてです。これは絶対に禁物。

信用取引とは、証券会社から現金や株券を借りて、それを元手に株式を売買する取引のことです。要するに、借金をして投資をするわけです。

これまで述べてきたように、投資というのは短期的には不確実なものに資金を置くことですから、株価が下がった場合は借金のせいで、さらに資産がマイナスになってしまいます。そもそも資産を増やそうと思って投資を始めたのに、マイナスを抱えてしまっては元も子もありませんよね。

仮に信用取引で大きく資産を増やしたとしても、将来は同じ分だけ逆側に振れてマイナスになる可能性があることも頭に入れておくべきです。確率的には、何が起こってもおかしくありません。それが第1章でも紹介した、天候や株式市場に常につきまとう「カオス」状態の現実なのです。

株式投資では「ここまでは下がらないだろう」と思っていたラインを超えて極端に売られることも多々あります。ですから、**入口の段階から地雷原に足を踏み込むようなマネは厳に慎むべき**なのです。

株式投資は、みなさんにとって仕事でもなければギャンブルでもないはずです。もちろんリスクはありますし、大儲けするチャンスも同様にあります。

ただし、一発逆転ホームランを狙うがごとく、必要以上に入れ込んでしまったら、バランスのいい投資ライフを送ることはできません。天気に対するような寛容さ、おおらかさを思い出し、気持ちにゆとりをもって投資に取り組んでいただければと思います。

第4章

私の投資法、「過去の天気図」と「未来の予想図」

~雨に降られて初めて傘のありがたみがわかる~

4-1. 銘柄名まで赤裸々に明かす 3年間の私的「投資日記」

理論、テクニックともに、とりあえず理解はできました。ただ、ワタシとしてもプロとして、貴女の普段の投資態度をもう少し知りたくありまして……。

おかげさまで第2章で紹介した「重み付け投資法」でリスク管理しつつ、桜前線・太陽銘柄を「ゲリラ豪雨」のときに買う、というハイブリッド戦略で、順調に資産を増やしていますわ。

いや、ぶっちゃけ、この投資法でどれだけ儲けていらっしゃるんでしょうか？

おお、それ聞きたい！　ついでに、具体的な過去の手法も！

実に世の中の9割の個人投資家は、損をしているといわれています。ただ、本当に大事な知識をほんの少し得るだけで、残りの1割に入ることは十分に可能だと思っています。げんに、この私がそうですから。

私の投資人生は、雑誌の推奨銘柄に手を出して大失敗したときから始まり、そこから失敗→少しずつ改善→我ながら成功……といった具合に推移してきました。その過程において、**「気象現象のように、理にかなった法則にのっとって資金を増やしていく」**ことの重要性に気づいたわけです。

そのおかげで、投資歴約15年で、長期投資をベースに、リスクを考慮した成長株投資・配当重視投資のバランス型運用を実践するというスタイルにたどり着き、平均10%、近年実績では16・5%のリターンを達成しています。事実、2018年3月時点で資産は投資開始当初の4倍に増えました。

そこでこの項目では、私が自分の投資法を確立してから、ここ数年どのように投資を行ってきたのかを、赤裸々にご紹介しましょう。そこから学び取っていただけることも、多々あるはずです。第3章で「投資にはガマンが必要」と書きましたが、いかにして機を狙っているのかも、ぜひ参考にしてください。

なおこの記録は、私のブログからの抜粋になります。主に、私の投資に対する気がまえ、考え方が表されているところを抜き出して、再整理しました。

2015年

4月：中国本土から資金が流れ込んだ香港市場の相変わらずの活況で、保有株式の時価総額も大幅に上昇。個別銘柄では、保有している香港証券取引所も大きく値を上げる。しかし、このような活況な市場のときは、私の投資法ではやることがないので、アメリカの会社を調べたり、好きな読書にいそしむ。インドネシアの会社の株を買い増し。

5月：特に何もせず。ヒマ。しかし、**放っておいても勝手に資産が増え、自分の投資歴のなかで2例目の10倍株（テンバガー）も誕生。**約10年前に購入した中国の会社で、中国の経済成長に合わせて順調に大きくなっていった感。とまれ、増えるときもあれば減るときもあるので、一喜一憂しないことを改めて胸に誓う。

6月：ギリシャのデフォルト危機のために資産が大幅減も**売買はせず。**

7月：久々に株を売却。中国のある会社で、長く保有していたものだが、株価が70％くらいしか上がらなかったことや、中国不動産バブルの不穏な動きもあるために処分した。

8月：中国市場の暴落で、総資産でいうと、ピークの頃から28％ほど減らす。価値ある会社を超安値で仕入れるのが私の投資法だが、買い増すにはまだ物足りない下落であるため静観。ただ為替は円高に振れているので、いまのうちにアメリカの会社に投資をするために米ドルを買い増しておく。

9月：市場はグダグダしていて購入する動機はなく、**売買なし。**株式投資は8割がたウダウダしているものなので、ここできちんとガマンできるかが勝敗を分ける。下手な動きをするよりも寝て休んだほうがいい。

10月：ＮＩＳＡ（少額投資非課税制度）枠がまだかなり余っていたこともあり、なんと**半年ぶりに株式を購入。ディズニー**とインドネシアの**ユニリーバ**を買い増した。ディズニーは、長期的に見て倒産リスクがなく、それなりに成長すると思われる企業なので、好きなときに買っておこうと思わせられる。

ユニリーバ・インドネシアは、ここ1年くらいはインドネシア経済がイマイチなため、この先5年は下げ傾向と考えられるが、中長期的には人口ボーナスが効いてくると思われ、来るべき大幅上昇の可能性に賭ける。

そのほかにも、買い増したい、もしくは新規購入したい銘柄は多々あり。**バークシャー・ハサウェイ**や、ディズニーの競合の**21世紀フォックス**、**ハビットレストラン**、リモート手術の**インテュイティブ・サージカル**、**ジョンソン・エンド・ジョンソン**、**グランドキャニオン・エデュケーション**、**ムーディーズ**、**マグロウヒル・ファイナンシャル（現S&Pグローバル）**、医薬の**イーライリリー**、同じく医薬の**ファイザー**など（いずれも米国株）。ただ資金との関係があるので、ゆっくり考えて、いい時期が来たときに買っていきたい。

11月：何を買おうか悩んだが、**プロクター・アンド・ギャンブル（P&G）**と**シェイクシャック**を購入。前者は配当利回りを重視した年金銘柄で、この時点での配当利回りは3・5％。後者は小型成長株（もう十分大きくなってしまったかも）を対象とした成長株銘柄。ここ数年の投資戦略として、オワコンになる可能性のある中国銘柄から少しずつ資金を移して米国株を中心とする配当重視銘柄にシフトする予定。
一方、少しずつでも10倍になる株を早期から投資して、ポートフォリオの利回りを上げるということがもうひとつの戦術になる。

12月：ニューヨークを拠点としてニッチサービスを得意としている**アムトラスト・フィナンシャルサービシズ（AFSI）**と、クレジットカード会社の**VISA**を購入。AFSIは銀行の買収を通じて、売上、利益の倍々を続けており、成長著しい。一方のVISAは長期的な継続性。当然、長期保有となるはず。
なお、AFSIは、この後で述べる独自の投資法「カルガモ親子投資法」で見つけ出した小型成長株。

2016年

1月：この1カ月で資産が大幅目減り。

2月：昨年から始まった中国バブルの崩壊の予兆で資産は目減りしているが、想定の範囲内。自分の資産がピーク時から「半値八掛け」くらいになったところで出動しようと考えているが、ピーク時から3分の2くらいの状況なので、「半値八掛け」まで資産が減少するのはまだかかりそう。こんな状況では、まだ買いたくなる割安さではないので、組み入れ銘柄は動かさず。

3月：去年の暴落から1年近く株価が行ったり来たりで**売買なし**。現在の投資法では行動を起こす時期が少ないので、ここはじっと我慢。

4月：売買なし。急に始まる「バーゲンセール」を待つだけの状況。米国の医療保険の最大手**ユナイテッド・ヘルスグループ（UNH）**を購入候補に入れる。

5月：香港証券取引所の一部とマレーシア株式全部を売却。中国金融市場の不透明感が一段と増すなか、中国の株式市場はバブルの様相。**私の投資法ではほとんど売却するという行為はないが、住宅ローンの完済が見えたために資金を負債返済、株式へと移してリスク低減する作戦**。

6月：中国の企業を中心に大きく売却。いっぽう、英国のEU離脱の暴落で、医薬の**グラクソ・スミスクライン**を購入。

7月：売買なし。株式売却資金で住宅ローンを完済。これできれいサッパリ、今後は資金を少しずつ増やしていく方に注力するつもり。ニューヨーク株式市場が高いので手は出さない。

8月：売買なし。こんな状況が長く続く投資方法だが、**投資環境が整う（＝暴落して価格が安くなる）まで、じっと待つのが一番大事。**中国株の配当が入ってくる時期なので投資資金がだいぶ増えた。

9月：中旬に米国株が一時的に下落したので久々に株式を購入。**スリーエム**をまとめ買いしたほか、**S&P500 ETF（1557）**を購入。これは、アメリカのS&P500を指数とする世界最大のETFであるSPDR S&P500 ETF（SPY）の日本上場版。日本円で購入できるため気軽で、また手数料も安い。

10月：このアメリカの**SPDR S&P500 ETF（SPY）、P&G**を購入。長年投資してきた中国の会社の時価総額が大きくなるも、長い目線で見ると中国はオワコン。日本はまだまだ強い国だが、**「人口動態を考慮して成長する国へ投資する」という投資戦略のため、現在の中国、日本は投資対象外**だ。

11月：売買なし。中国の市場が上昇し、中国ナンバーワン不動産ディベロッパーである**万科企業**が持ち株のなかで初めて20倍を超える。アメリカ大統領選挙のトランプ氏勝利から円安と株価上昇が進行し、資産の時価が上昇。**アボット・ラボ**

ラトリーズ、**P&G**の2社から配当の振り込みあり。

12月：SPDR S&P500 ETF（1557）を軽く購入。米国株式市場は割高感があり**売買なし**。こんなときは、休むのが一番。NISA枠を余らせてしまったが、ムリして購入することなし。**ジョンソン・エンド・ジョンソン**など7社から配当の振り込みあり。

2017年

1月：米国株が高く**売買はなし**。円高の瞬間に米ドルを仕入れておく。個別銘柄では、南米の成長事業会社メルカドリブレの株価が上がってきた。**ディズニー**など5社から配当の振り込みあり。

2月：売買なし。**米国株が株高に振れていて買うことができない。こんなときは企業の研究をするに限る**。決算が出始めているので企業業績を整理。**SPDR S&P500 ETF（SPY）**ほか2社から配当の振り込みあり。

3月：売買なし。米国株は下げる局面があったが、まだまだ割高感あり。**バークシャー・ハサウェイ**も下げてきたが買うタイミングがなく見送る。**スリーエム**など5社から配当の振り込みあり。

4月：売買なし。米国株はかなり高いが、中国株はグダグダしていてあまり変化がない。インドネシア株が少し上げてきたが、買っている規模が小さく影響は少ない。5社から配当の振り込みあり。

5月：この月も株高が続いているため**売買なし**。個別銘柄のなかでは、好決算を受け急騰している**メルカドリブレ**や、新たな事業に進出している**ネットイース**など株価がぶっ飛んできていると感じる。

6月：売買なし。**ムーディーズ**や**ユニリーバ・インドネシア**が株価上昇しており、全体的に株高感。金融資産はかなり増えているが買うタイミングがないので、ここ半年はまったく売買がなく、淡々と配当が振り込まれているだけ。

7月：パネラブレッドがネスレの親会社に買収され上場廃止。4年ほどのホールドで損益は2倍プラスα。本当は売りたくない銘柄だが上場廃止ではやむなし。株式交換が希望だったが……。それ以外は売買なし。

8月：売買なし。買うタイミングがまったくない状況でポートフォリオは変化なし。

9月：アメリカの**インテュイティブ・サージカル**、インドネシアの通信事業者**テレコ**

ムニカシ・インドネシアなどを購入。また、年金銘柄として**バンガード・トータル・ストック・マーケットETF（VTI）**を購入。これはバンガード社のETFで、信託報酬が0・04％と驚異的な安さを誇る。

普通に資産を増やしたい方や銀行よりマシな利回りを求めている方には最高の投資先だと思う。

10月：今月から、「重み付け投資」を試行的に開始。先月買った**インテュイティブ・サージカル**はすぐに株式分割があり、持ち株が数3倍に。**アルトリア・グループ**が材料によって急落しているため買い増す。朝鮮有事のことも考慮に入れ貯蓄も考える。

11月：引き続き「重み付け投資」を進める。今回の購入は、その重み付け投資のVTIのみ。**自動的に金額を決めてくれる投資は本当にラクだと改めて実感**。

12月：引き続き「重み付け投資」で**VTI**を購入。米国株に割高感が出て、自動計算の買いつけ額は2万円程度に抑える。**中国の不動産会社「万科企業」の株価は10年以上前に仕入れた買値から約27倍**に。

ただ、中国の不動産はずっとバブルの様相だけに気分は晴れず。価値ある会社が安い値づけになっていることを喜ぶ投資法になってから、株価が上がって利益が大きくなってくるとイマイチ気分が乗らない体質に。安くなっていたインドネシアの通信会社を買い増し。

2018年

1月：「重み付け積立投資」の**VTI**を定期買い。自動計算の買いつけ額は2万円程度。世界の株式市場がかなり高くなり、割高感が否めず。**市場の熱が気化して雨雲となり、ゲリラ豪雨が降る可能性もある**が、まずは調整されるまで最低限の「重み付け投資」以外は購入を控えるつもり。

4-2. 人の推奨銘柄を買って儲かるなら、誰も苦労はしないという真実……

日記で投資の順調さはわかりました。でもあまり失敗の経験が盛り込まれていなかった気が……。後学のために、実際の失敗談もぜひ教えてください！

もちろん、雑誌のオススメ銘柄を買って失敗したり、売り時を間違えたりとか、いろいろあるんですが……。

それ、ものすごく楽しそうなお話ですね。続きをたっぷりと聞かせていただきましょう！！！

（こいつ、ホントに性格が悪いな……。証券会社に勤めていると、こうなってしまうのかしら？）

私の約3年ほどの「投資日記」は、いかがでしたでしょうか。気象の世界にたずさわる私が、どうして投資の世界に足を踏み入れたのかについては、「はじめに」でも少し触れましたが、やはり初めは大きな失敗もおかしました。そこで、さらに時代をさかのぼって私の初期の失敗事例を紹介し、そこをどのように改善していったかを、お話しします。

私が投資を始めた2000年代前半は、まだインターネットの投資サイトも限られており、情報が非常に少ない時代でした。そんななか、私が頼ったのが株の雑誌に載っていた情報です。

雑誌を眺めていると、よくわかりもしないくせに、いかにも銘柄を吟味している感覚を味わうことができ、悦に入ったものです。ただ結局のところ、雑誌を見てやることといえば、掲載されているオススメ銘柄の購入でしかありません。

当然ながら、これは大失敗に終わります。株式市場の仕組みや業界のことも知らずに、雑誌の推奨銘柄をやみくもに買っていたのですから……。

今思えば「おめでたいヤツ」だったと思います。**人の勧める銘柄を単純に買って儲**

かるなら、誰も苦労などしません。

また、買い方も今思えばいただけません。当時は短期売買のスタイルで、少し儲かっては利益を確定し、大きく損をすると狼狽《ろうばい》売りしていました。

投資初心者にありがちな売買の繰り返しで、手数料もバカになりません。たとえ運よく数万円を儲けたとしても、手数料を差し引くとマイナスになるなんてこともしばしば。結局、投資のために用意した300万円を、3年ほどで200万円までに減らしてしまいました。

数少ない成功例が、「学情」の銘柄（50％増）でしたが、これですら儲けはたったの数万円。「自分年金」の形成のために始めた投資ですが、現実は厳しく、さすがにこれではどうにもならないと心が折れかかったこともありました。

この学情は数年後、さらに3倍以上の値をつけることになります。こうした経験から、「短期売買は買う機会だけでなく、儲けられる機会も失ってしまう」という教訓を学びとりました。ちなみに、この当時買った銘柄は現在ひとつも残っていません。

結局、初期の大失敗で学んだことは、**自分のお金を預けるのだから、まずはすべてを疑ってみる**ということでした。

事実、投資法をうたった本や雑誌には、実際は、因果関係のない〝擬似相関〟を背景として、ウソの儲け話を正当化しているものが見受けられます。

雑誌を参考にした投資法で大損したことで、投資に対して真剣に考えるようになりました。「これを買え、あれを買いなさい」という**安易な情報に流されないためには、投資に向き合うための土台を作る必要がある**と感じ、普遍的な方法論を獲得するべく多くの本を読みあさりました。

また、**株価水準を決めるものがあること（EPSなど）、それが財務諸表を読めば見えてくること、そして、企業価値というのがあることに気づいてからは、投資が断然楽しくなっていった**のです。

4-3. “PER マニア ” だった時代に、カネボウ株で陥ったアリ地獄

PERに注目することで、簡単に割安株が見つけられる。つまり、その極意を身につけてからは、失敗はしなくなったということですよね。

ホントは「そうです」と答えたいところなんだけど、私は行きすぎたPERマニアになってしまって、さらなる大失敗をしてしまったの。2005年に粉飾決算で大騒ぎになった……。

カネボウ株ですよね（笑）。これもひとつ「他山の石」にさせていただきたく。ぜひ楽しいお話しお聞かせください！

（もはや性格改造はムリだわ……。）

カネボウ株での大失敗の流れ……

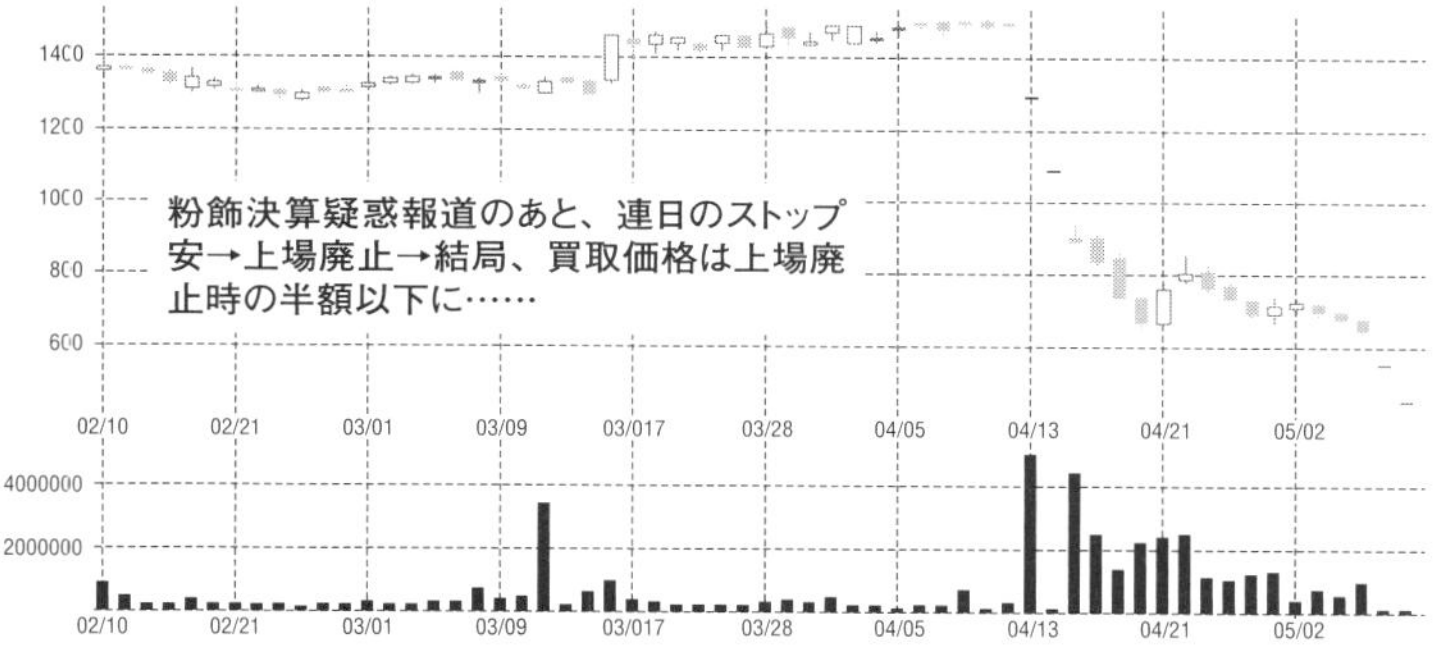

前項で説明したように、失敗をバネにPERなどのデータ研究にのめり込みましたが、ところが、またもや大失敗をおかしてしまいます。2005年のことでした。

このときの投資家としての私のダメージは甚大なもので、本当に市場から退場する寸前の事態でした。

それは、カネボウ株の購入です。

PER、PBRマニアになっていた私は、「とにかく割安となっている会社を買うぞ」と意気込み、血まなこになって割安銘柄を調べまくっていました。そんななか購入したのがカネボウの株です。

PERその他の数値から「割安である」と判断し、非常に期待していた銘柄でしたが、なんと2005年に過去5年にわたる2000億円超の粉飾決算が発覚。もちろん、カネボウ株はどんどん下がることになりました。

そんな状況にもかかわらず、当時の私は何を血迷ったのか、

「この粉飾決算は一時的なものだろう。本業のカネボウ化粧品などは問題がないので、いつかは株価が戻る」

と信じ「安値で売られているならむしろ買い！」とばかりに、買い増ししてしまったのです。

もちろん、皆さんご存じのとおり、カネボウの粉飾決算は日本の経済史上に残るほどの大型粉飾。結局、カネボウは会社としての存続ができなくなり解散を余儀なくされます。

すると、少数株主である私のもとに、1通のはがきが届きました。そこには、

「現在のカネボウ株がある会社に吸収合併される」

「その買い取り価格は割引キャッシュフロー法（DCF法）で計算され、上場廃止時の半額以下の値づけである」

「それに応じれば現金化できる」

「応じない場合、株は持てるが上場廃止なので事実上の紙くず」

とあったのです。

……正直、納得しかねる内容でしたが従わざるをえません。私は重い足取りで銀行に行き、買い取りに応じることを表明しました。このカネボウ株の取引で約130万円を失い、私の資金は一気に100万円を切ってしまったのです。

このとき学んだのは、**割安株投資自体は間違っていないものの、安ければ何でもよいわけではないということ**でした。**安く売られていても「強い会社」でなければ買うべきではない**、ということをイヤというほど思い知らされたのです。

そう、太陽のように力強いトレンドがあり、桜前線のように保有していれば一生楽しむことのできる銘柄。こうした強い企業を見極めたうえで、PERなどの指標を参考にしながら割安のときに買う。

こうした優先順位を誤るようなことは、今後一切するまい……と誓いを立てさせられた体験だったのです。

4-4. 失敗を糧にして見つけた「桜前線・太陽国家」への投資術

カネボウの失敗はたしかに大きかったですね。そこから、一番学んだことってなんでしょうか？

企業だけに注目するよりも、もう少し広い視野で見るようになったことかしら。

そういえばミセスウェザー、日記にもほとんど日本の株は登場しませんでしたね。どうも中国の株が多かったような。

そういえば、堅いと思っていたけど、意外とギャンブラーですよね、中国なんて。

違うわ。成長する国も「桜前線・太陽銘柄」と見立てれば、軸はブレていないでしょ？

先に紹介したカネボウ株の損失により、かなり資産が減少しましたが、気を取り直して少し資金を増額したうえで再度、割安株投資に挑みました。

注目したのは、第3章でも少し触れましたが、当時GDPが年率10％以上で成長を続けていた中国です。ちょうど日本の高度経済成長期とそっくりだと感じた私は、中国株の可能性に賭けたのです。

この頃、『月足30年』という本を買い、日本の高度成長期の会社の株価が20年ほどたってどれくらいになったかを調べました。すると、実質経済成長率が約10％を超えていた期間は1955年から1973年で、その間の日経平均株価は約400円から約4000円と、実に10倍の値になっていたのです。

当時の中国の姿は、かつて日本が経験した高度成長期をほうふつとさせるものがありました。そこで私はこのときから、資金を中国株式へとシフトさせます。

要は、**成長する国に投資をして、ずっと持っていればラク**なのではないかという話です。実際、**その当時に買った中国株は、ほとんどが2倍から10倍になっていて、一番値上がりした会社は28倍以上**になっています。

同時に、私は「国が成長する原因」についても調べ、

「人口が増えていく国→将来の労働力が増える→GDPの成長」

という図式も理解しました。

つまり、桜前線・太陽銘柄ならぬ**「桜前線・太陽国家」**もあるのです。ですから、それ以来、人口構成が若い国に投資をするようにしています。

2018年現在、中国市場の先行き不透明感もあり、中国株を持っていても一生楽しめる雰囲気がなくなってしまったため、かなりの株式を手じまいしました。ちょうどこの頃、住宅ローンの残債が小さくなっていたので、中国株を400万円ほど売却し、すべての住宅ローンを完済したのです。

私の投資法は「売らない」のが基本的な路線ですが、長期的な成長が見込めなくなればその限りではありません。このあたりは、数値や国のファンダメンタルなどを横目で見ながら、柔軟に対応していくのもアリだと考えています。

4-5. ウォール街の敏腕投資家の知恵を借りる「カルガモ親子投資法」

中国経済は先行き不透明な部分もあるし、今後の投資はやや不安な気が……。

そうなのよ。だから、基本に戻って、今は伸びているアメリカに注目しているわ。最近、高成長する米国企業をラクに見つけ出す方法も編み出したし……。

そんなバカな。アメリカの株式は資料が少ないから、探すのは大変なはずでしょう。それをラクに見つけるなんて……。

それがあるのよね。名づけて「カルガモ親子投資法」よ。

また変なネーミングですねぇ……。

前項で述べたように、私は数年前から中国株の比率を下げ、その分を米国株にシフトさせています。ただし、中国株から米国株にシフトするにあたって、いくつかのハードルがありました。

ひとつは、中国株の情報に関しては「二季報」「四季報」というような定期的な情報源がありましたが、米国株については、なかなかまとまった定期的な決算資料がなかったのです。

「中国株二季報」には、700社近くの企業のデータがそろっていたので、そこに載っているすべての中国企業の財務諸表に目を通すことができました。実際、年2回、半日ほどかけて、この700社の数字を見ていたのです。

しかしながら、当時、米国企業については四季報はあるものの、どうも内容が薄くて使いものになりません。そこで悩み抜いたあげく、効果的な調査方法を思いつきました。名づけて**「カルガモ親子投資法」**です。

目的がアメリカの成長企業を探し当てることですから、それについて調査をしている会社を見つけるところがスタートです。その答えは、投資信託会社でした。

世の中には、「米国成長株オープン」などの投資信託がゴロゴロありますので、まずはそのホームページを見つけてチェックします。すると、だいたいの投資信託は運用報告が毎月、あるいは四半期ごとに出ているので、ウォール街の敏腕ファンドマネジャーの知恵を〝拝借〟することにしたのです。

各ファンドは、だいたい100～200くらいの組み入れ銘柄があります。そのなかから成長しそうなセクターを選んで（医療機器や日用品など）、ファンドマネジャーが買い入れたばかりの企業を50社ほどピックアップします。

この銘柄をヤフーファイナンスで検索にかけ、PL（損益計算書）、BS（貸借対照表）、CS（キャッシュフロー）を見ていきました。50社ほど見るのに半日ほどで済むので、それほど負担もなく、しかも楽しみながら会社を調べられます。

今どきは、ブラウザーの翻訳機能もあるので、企業情報の profile を適当に翻訳させれば、たどたどしい和訳に戸惑うものの会社の雰囲気はなんとなくつかめます。

英語に強くなりたい方は、ついでに英語も勉強できてしまうのです。

選択した企業が、ほどよく成長していれば、ヤフーファイナンスのマイ・ポートフォリオに入れて、あとはじっと監視するだけです。もちろん、暴落となればすぐに買いに出ます。

たくさんある上場企業の第1次ピックアップを、プロのファンドマネジャーに任せる、ということがこの投資法のミソです。ファンドマネジャーという「親」にくっついて歩くカルガモの子のように、最初のエサは親にもってきてもらうという寸法、つまりこれが「カルガモ親子投資法」のゆえんです。

特に、小型株で成長しそうな企業を見つけたいときに、この手法を重宝しています。実際、アメリカの優良企業へのアプローチ法としては、かなり「いい線」にいっているのではないでしょうか。

ナスダック市場には伸び盛りの企業がたくさんありますから、この方法でアメリカの「桜前線・黒潮銘柄」をひとつでも多く見つけてみましょう。

4-6. 一番のリスクである自分の欲を律する「投資計画書」の必要性

桜前線銘柄が値下がりしたら買い、長く持ち続けることで資産を増やす……。でも、ここにきてなんですが、持ち株がガツンと急上昇すると、やっぱり売らずにいられるか自信がないですよ。

残念ながら、たしかにそうですね。入口だけあって出口がないっていうのはおかしい……。世の中には積極的に「売り」に出ることによって、儲けている人すらいますし。

それでも売らないの！　なぜなら自分の欲が一番のリスクだからよ。

ここまで、桜前線に乗って長期的な利益を目指すこと。さんさんと輝き続ける太陽銘柄をしっかりと保有すること。そのうえでゲリラ豪雨のときに買い出動をためらわないこと。私のこれまでの仕事と投資の経験から得た、攻め方、守り方、考え方を紹介してきました。

もちろん、これをしっかり守れば大きな資産づくりへの道をきちんと歩めますが、反面、市場が過熱する、あるいは急激に冷え込むと、ついつい利確したくなる気持ちが、夏の積乱雲のようにムクムクと現れてしまうのもまたわかります。やはり人間心理には逆らい難いものがありますから……。

そう、一番のリスクはあなた自身のなかの〝欲〟なのです。

そこで、自分の感情というリスクをヘッジするためにも、〝自分ルール〟を明確に残しておいたほうがいいでしょう。実際、私も投資を始めるにあたり、自分を律するために「投資計画書」を書きました。もちろん、失敗も数多くしましたが、しかし、計画書があったことで自分の欲に一定の歯止めをかけることができたことも事実です。

書き方にこれといったルールはありませんが、2005年、初心者だった私が書いた計画書をサンプルとしてご紹介しますので、ぜひ参考にしてみてください。

■□投資計画書（平成17年5月3日）□■

【投資に対する心構え】

・価値と価格の違いに気づきなさい

物事がもつ根源的な価値とその値付けの非効率性・「歪み」を突くことによって、儲けが出せる。

・その価値が併せ持つリスクを評価しなさい

上記の価値-価格の歪みを突くにあたって、そこに投資する資産に対するリスクを評価して比較しなければいけない。往々にして、リスクは「バラつき具合」、「偏差」、「ボラティリティ」で表せることが多い。しかしながら、上記は確率分布がベルカーブ（正規分布）を仮定しており、世の中のほとんどの事象は、正規分布をしない要素で支配されている。つまり、予期せぬことは、「不連続に」、「突然」、「より大きな確率で」起こる事が多い。このことを理解したうえで、準備を怠らず物事に対峙するべきだ。

・将来のことは予測できないことを理解しなさい

基本的に将来のことは分からないと思いなさい。上記のような通常の感覚的な確率（正規分布）以上に奇怪なことが日常で起こるものである。無理して、資産をさらすことにより、すべてを失うことになりかねない。

・自分の成功がほとんど「まぐれ」であることを理解しなさい

成功はただただ、上記のような波に偶然乗れただけかもしれない。その可能性は高い。たとえ成功しても、謙虚に生き、将来の高ボラティリティな事象ですべてを失わないように更なる注意をするべきだ。しかしながら、努力は常に行っていないと、運だけの成功にも乗る権利を与えられない。努力と準備は必要である。

【買うことができる証券について】

1.株式を購入するに当たって次の条件でスクリーニングする。

〇株価収益率PERが12倍以下

〇株価純資産倍率PBRが1.2倍以下

〇株主資本比率が50%以上

〇過去5年から10年、さらに将来の予想にわたって、自己資本利益率/株主資本利益率ROEが15%以上を超えていること

〇過去数年の売上伸び率5%以上

〇過去数年の経常利益伸び率5%以上

〇主に執り行っている事業が寡占的で、他企業の参入障壁が高いこと

【参考】

〇RPS（年間株価上昇率）が高い銘柄をチェックすること

【購入タイミング】

2.1でスクリーニングした銘柄を日々注意深く見守り、次の条件に当たったとき購入する。

○株式市場全体が低迷し、または暴落しているとき

○該当銘柄で悪材料が出て、株価が暴落しているとき

例えば、決算の一時的な悪化、裁判・訴訟沙汰、事件などである。これらの現象が本業と関係なければないほどよい。

○過去5年、もしくは過去1年から現在にわたる平均的な株価に対して50%から70%の割引価格になったときに購入する

とにかく割安で購入することが大事である。100年に1回の大バーゲン価格でしか株式は購入しない、という気持ちを持つべき。

【購入の仕方】

3.上記2条件を満たしたとき、次の方法で購入を始める。株式市場暴落、株価の底は予測不可能であるため、分割して底を探りながら購入する。

○ドルコスト平均法を使い、できるだけ最低取得単位で、分割して購入する。法外な場合を除き、手数料は無視する。

○取得ポジション枚数はあらかじめ決めておき、それ以上は購入しない。

○ドルコスト平均法で株価が上昇に転じた場合は購入を中止する。

○ドルコスト平均法で株価が下落中は上記取得ポジションまで購入を進める。

【売却の方法】

4.購入後は基本的に株式市場の上昇・下落に関係なく保持する。次の条件に当たったときのみ売却を検討する。

○株価が割高になったとき。

特に株価収益率PERが15倍以上になったときは売るのに十分な価格である。

【キャッシュポジション】

5.株式市場の暴落、弱気相場に備え、キャッシュポジションは通常30%～50%を保持しておく。

……いかがでしたでしょうか。若いころに書いた計画書なので、厳密すぎる面も否めませんが、**初心者の方の場合は、最初はこれくらい厳しいルールで始めて、慣れたらユルめていくくらいでいい**と思います。

もちろん、私は今では欲をだいぶコントロールできるようになったので、これほどギチギチにはやっていませんが、この計画書が現在も投資活動のベースになっていることもまた間違いありません。

慣れてくれば投資というのは簡単に思えるものですが、押さえるべきポイントを押さえていないと、結局のところ大事な資産をき損してしまうことでしょう。だからこそ、このように**計画書を作成しておけば、失敗した際にも「何が悪かったのか？」と振り返ることができます。**

このある種投資の「ＰＤＣＡ」サイクルを続けるうちに、きっと自分に合った、より効果的な方法を見つけられるはずです。

みなさんが本書によってそのポイントを知り、日本晴れの投資ライフを送っていただけるようになれば、著者としてこれ以上の喜びはありません。

4-7. 本業ではないからこそ、楽しいポートフォリオを目指す！

プロのワタシから最後の質問です。現時点でのミセスウェザーのポートフォリオはどうなっていますか？

そんなことまで知りたいわけ？

ボクも知りたいなぁ。

まぁ、万科とかアルトリアグループとか、スリーエムとか……。

ちょっと待った！　バランス悪い！

私にとって「投資は楽しく」が第一。それに、強い企業ばかりなんだからいいのよ、これで！

以上のような投資活動を経て、現在、私のポートフォリオはどうなっているのでしょうか。

次ページの図のように、上位には中国株が並んでおり、その次にアメリカの高配当企業、安定的に成長する大型企業が続いています。また、「その他」の30％のなかには、今後大きく成長し、10倍以上になるだろう小型企業が入っています。

私は投資歴が15年以上ありますが、このポートフォリオは私が経てきた投資戦略とその歴史そのものとなっています。

かつての日本のように高成長すると考えて購入した中国の企業の株は、当初は小さい金額でしたが、今は成長しほとんどが2～10倍、一番大きな万科企業は28倍以上になりました。

次に位置する米国企業群も、安定的な配当を振り込んでくれますし、着実に成長しています。

さらに、「カルガモ親子投資法」で見つけた小さい会社たちは、その他の30％のなかに含まれており、時間がたてば、上位企業のように10倍になってくれるでしょう。

私の現在のポートフォリオ

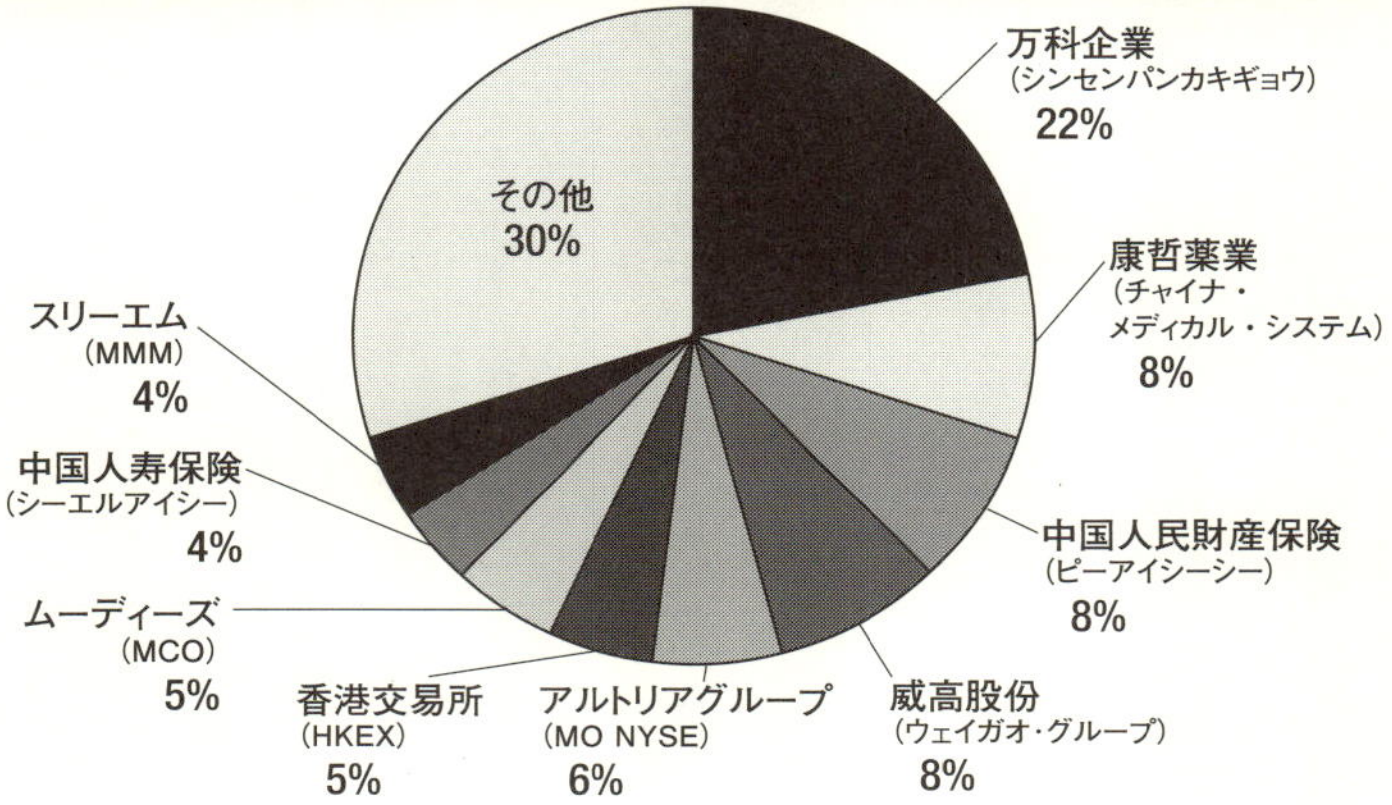

なお、比較的リスクが少なく安定的で標準的なポートフォリオは、国内と先進国の株式、国内と先進国の債権、日本と先進国の不動産(REIT)の6種類くらいの資産クラスをバランスよく取り混ぜて、次ページの図のように組んでいくのが理想とされています。

ポートフォリオのリスクに対するリターンはこの配分(ウエイト)で決まってしまうと言われていますので、年に1回くらい、割合を見直して、再配分(リバランス)することが理想的です。

そういう意味では、現在の私のポートフォリオはいびつな状況になっていますが、

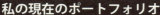

プロが勧める理想のポートフォリオ

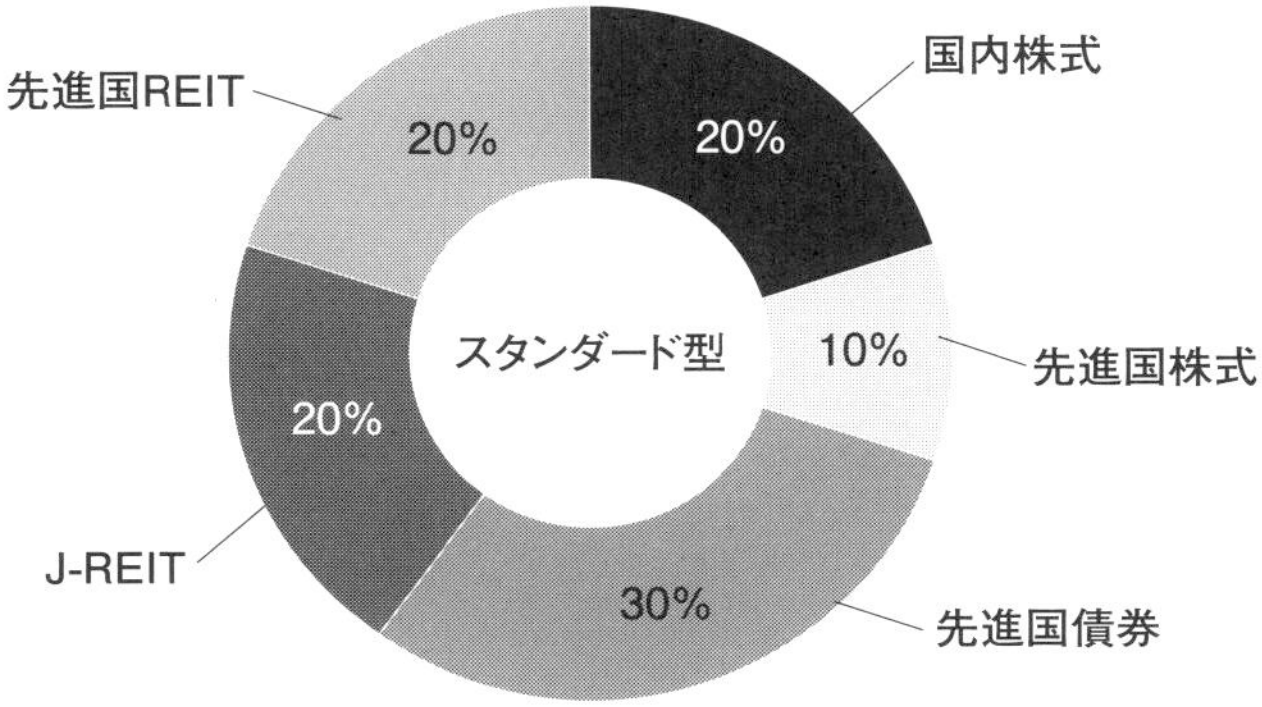

私の場合は、よい企業（太陽銘柄）を見つけること、その企業を安く買うことに楽しみを見出していますので、無理してリバランスをしていません。

今後は、下位に位置している優良企業を、ゲリラ豪雨の相場状況で安く買いつけていくことで、さらに少しずつポートフォリオも厚くなり安定的になっていくと考えています。

個人が趣味で投資をやっているうちは、楽しいことが第一です。ポートフォリオやリスクの原則を学びながらも、楽しく、継続的に投資していきましょう。

それが成功の秘けつだと思います。

巻末

レベル別オススメ銘柄12

バンガード・トータル・ワールド・ストックETF（VT）

インデックス投資

初心者向け

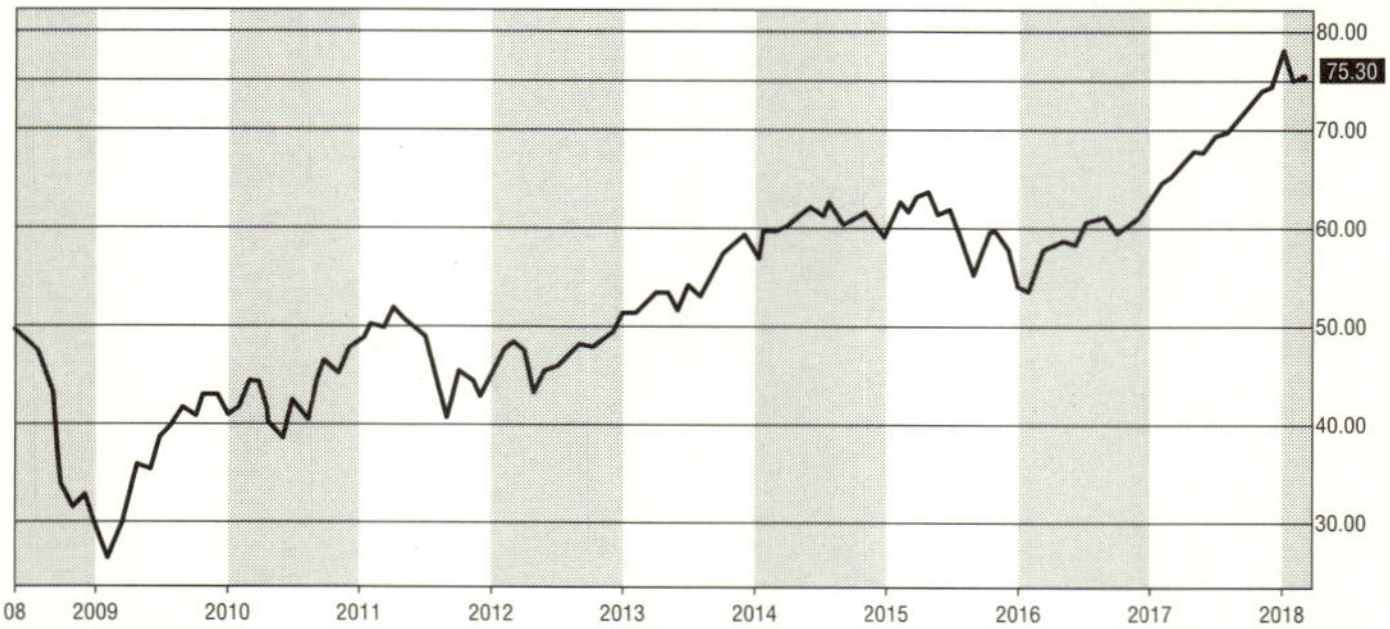

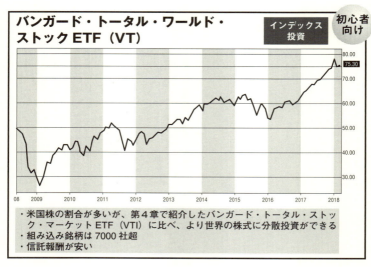

・米国株の割合が多いが、第４章で紹介したバンガード・トータル・ストック・マーケット ETF（VTI）に比べ、より世界の株式に分散投資ができる
・組み込み銘柄は 7000 社超
・信託報酬が安い

iシェアーズ　TOPIX　ETF（1475）

インデックス投資

初心者向け

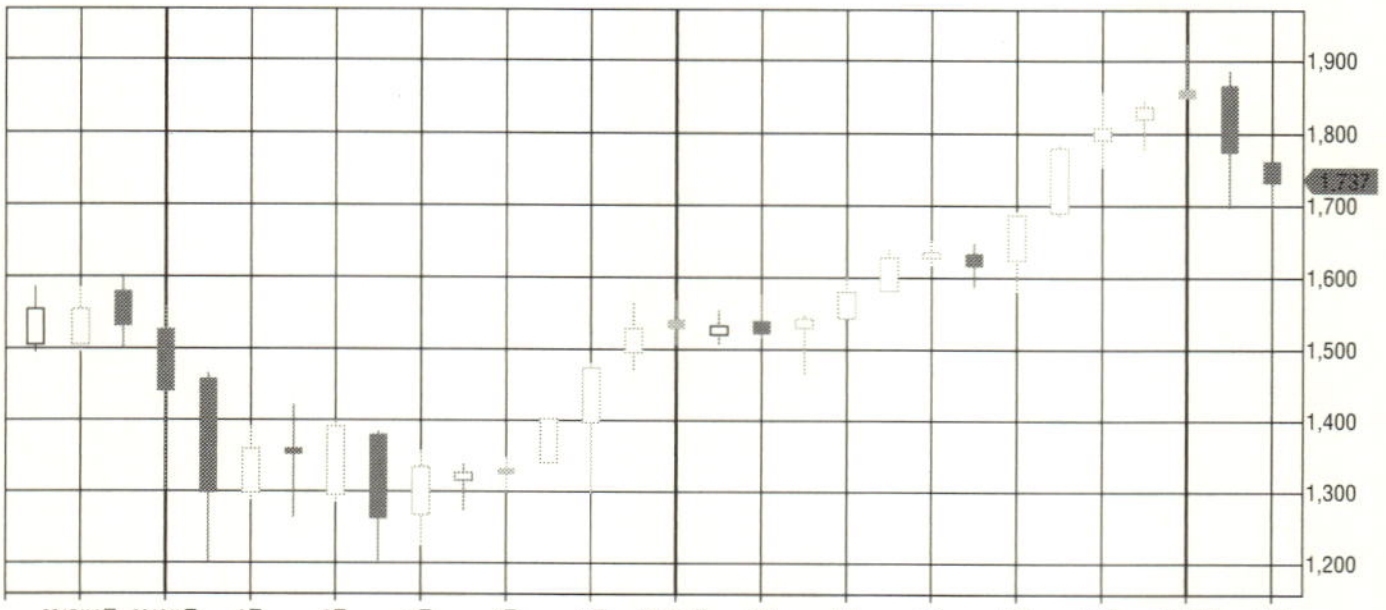

・TOPIX に連動する ETF で、日本の株式に分散投資できる
・組入銘柄は 2000 社近く
・分配金の利回りは 1 ～ 2%
・信託報酬が極めて安い

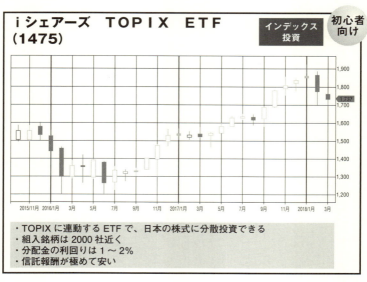

i シェアーズ 好配当株式 ETF (DVY)

高配当投資・インデックス投資

初心者向け

・米高配当株式に投資をする ETF
・米高配当企業 100 社で構成され、分散も効いている
・構成は公共事業、金融が高め
・信託報酬が安い（類似の ETF のなかではやや高めだが）

アルトリア・グループ Altria Group, Inc. (MO)

高配当投資

中級者向け

・マールボロのブランドを擁する米タバコ会社
・配当利回り 4 ～ 5%の高配当銘柄
・タバコ縮小で高成長望み薄の反面、ライバル会社、新規参入も少ない
・2017 年のニコチン規制報道で株価やや低迷のため買い増しチャンス

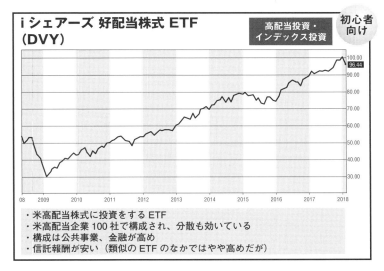

ジョンソン・エンド・ジョンソン
Johnson & Johnson (JNJ)

高配当投資

中級者向け

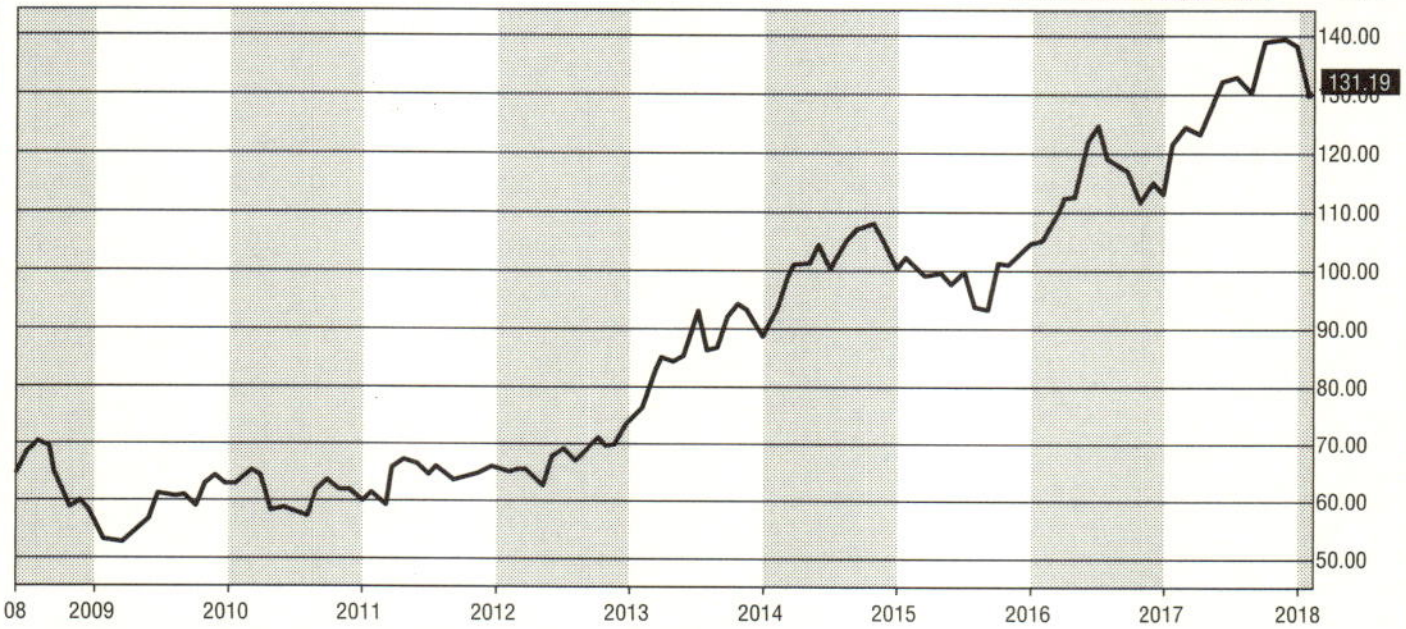

・3％前後の配当利回りとなる高配当銘柄
・50 年以上、連続増配を継続中
・連続増配からもわかるように、どんな不況でも一株配当を常に増やしてきた株主思いの企業

ムーディーズ
Moody's Corporation (MCO)

中型
安定成長株

上級者向け

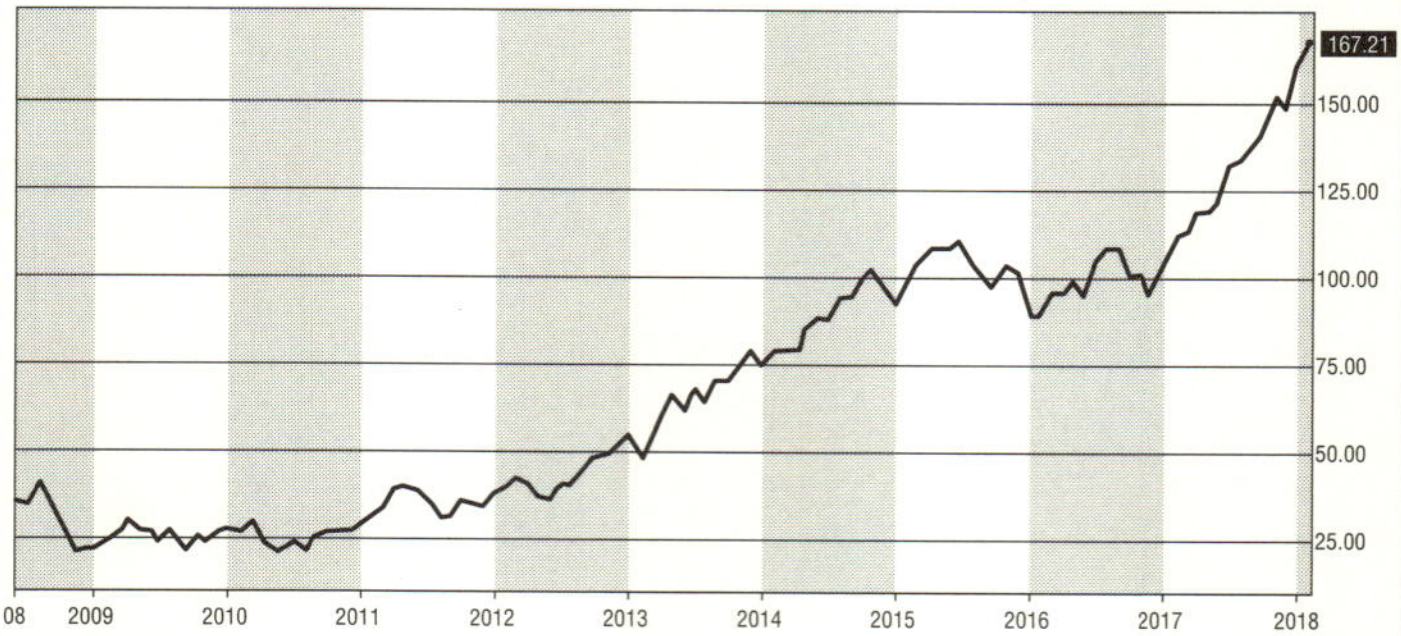

・金融情報を扱う会社で、固定費が低い
・損益分岐点が低く、一度成長基調に乗ると利益が出やすい
・モノを扱わないため在庫の概念がなく、安定した経営を維持しやすい
・ムーディーズ等 3 社で 9 割を占める寡占市場で、新規参入しづらい

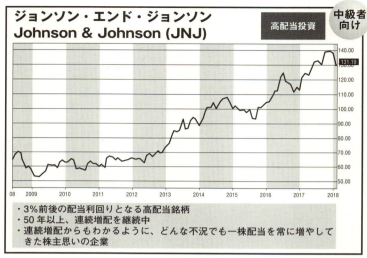

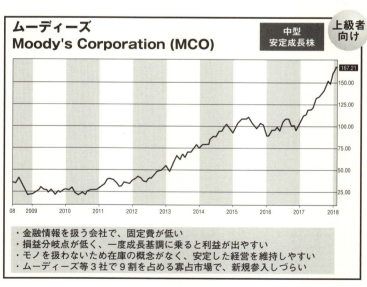

ビザ
Visa Inc. (V)

大型
安定成長株

上級者
向け

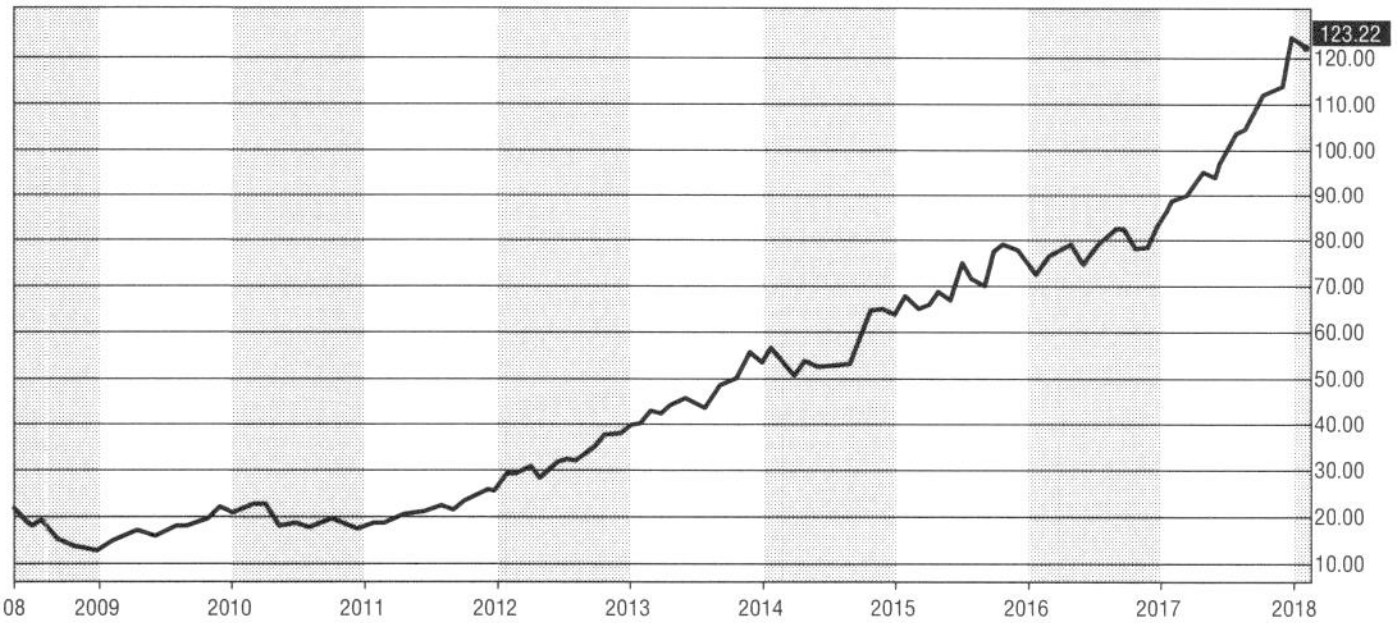

・世界シェアナンバーワンのクレジットカード会社
・ブランド力、信用度、サービス内容で抜きん出ている
・市場は成熟しているが、世界的にはまだまだ成長の余地大
・モノを扱わないため在庫の概念がなく、安定した経営を維持しやすい

花王（4452）

高配当投資
大型安定成長株

上級者
向け

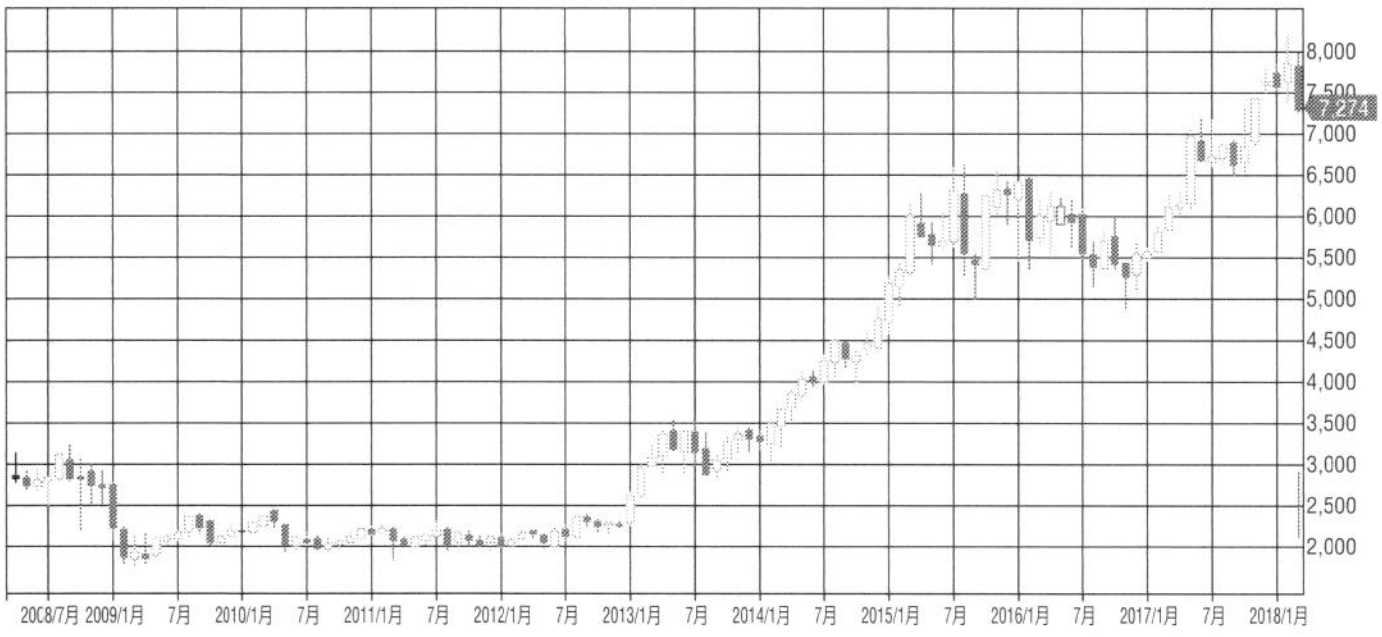

・20 年以上連続増配企業
・配当利回りは 1 〜 2%
・ビオレ、アタックなど誰もが認知しているブランドを数多く擁する
・日用品が主力商品のため、売上に浮き沈みが少ない

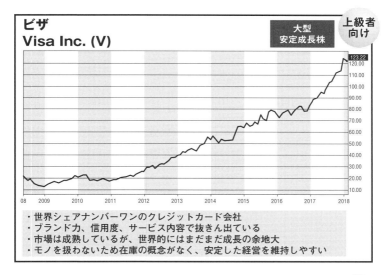

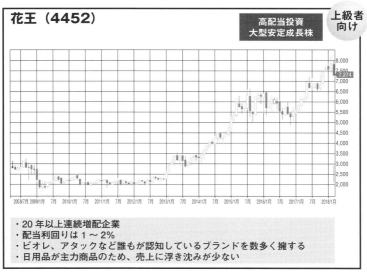

シェイクシャック
Shake Shack Inc. (SHAK)

小型成長株

余裕がある
上級者

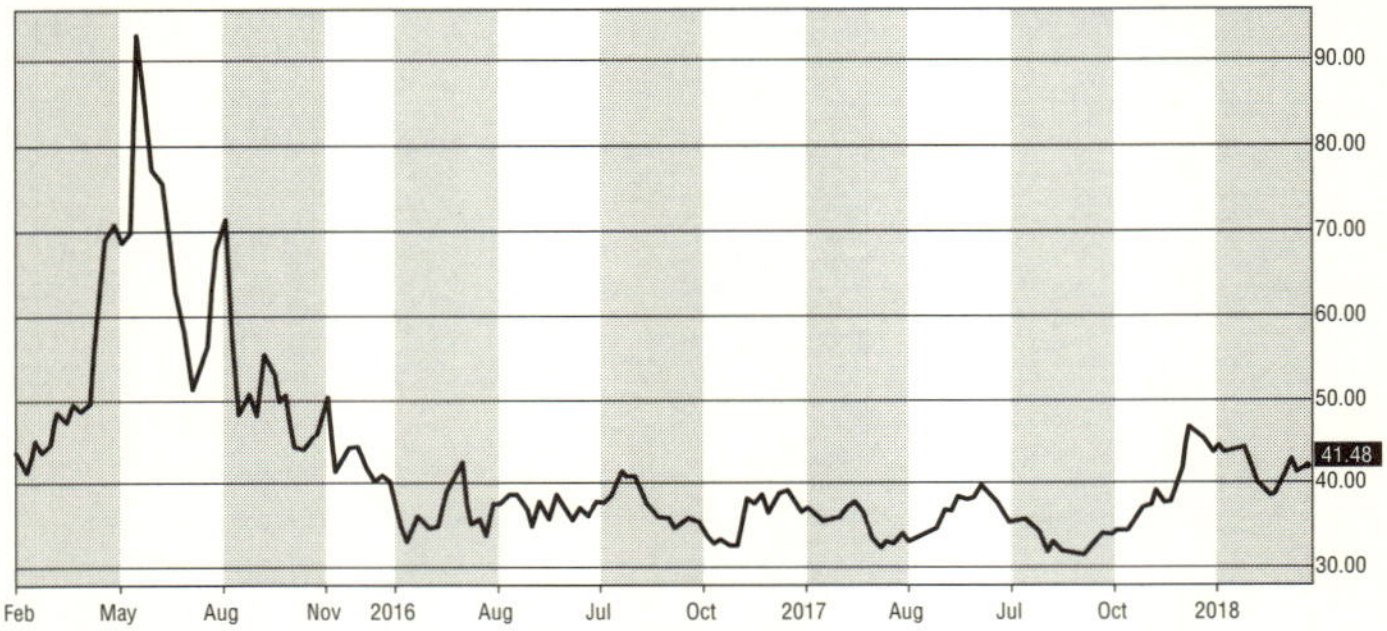

・2000 年に米ニューヨークで開業したハンバーガーチェーン
・当初は屋台から始まり、2017 年時点で 100 店舗以上を世界で展開中
・2016 年に日本初上陸し、2017 年時点で 8 店舗、さらに新規展開予定
・第 2 のスターバックスコーヒーとなるか

メルカドリブレ
MercadoLibre, Inc. (MELI)

小型成長株

余裕がある
上級者

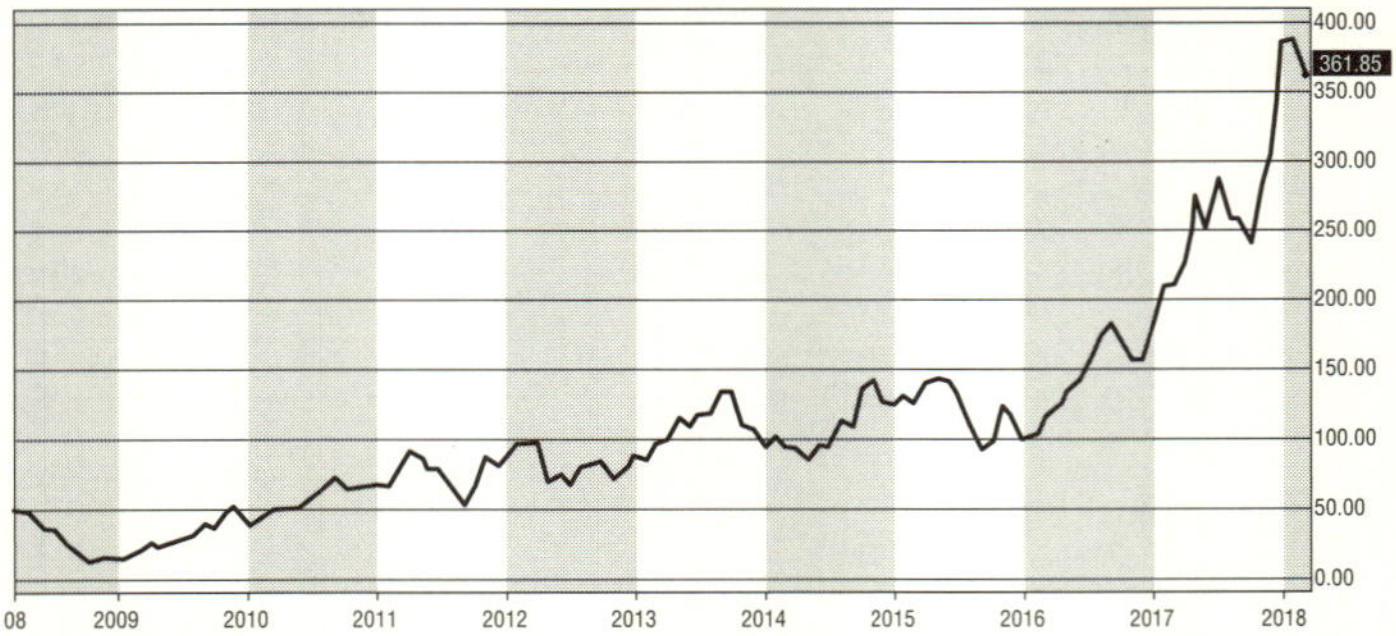

・南米アルゼンチンを拠点とするオンライン取引会社
・e コマースを中心にネット事業を南米各地で展開中
・南米のネット市場には展開の余地があり、成長が期待できる
・ナスダックの ADR（米国預託証券）で購入可能

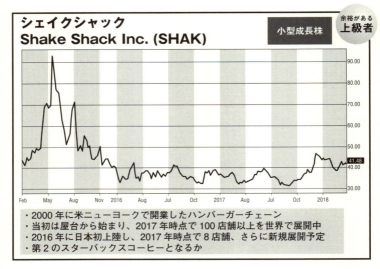

ユニリーバ・インドネシア
PT Unilever Indonesia Tbk (UNVR.JK)

小型成長株

余裕がある
上級者

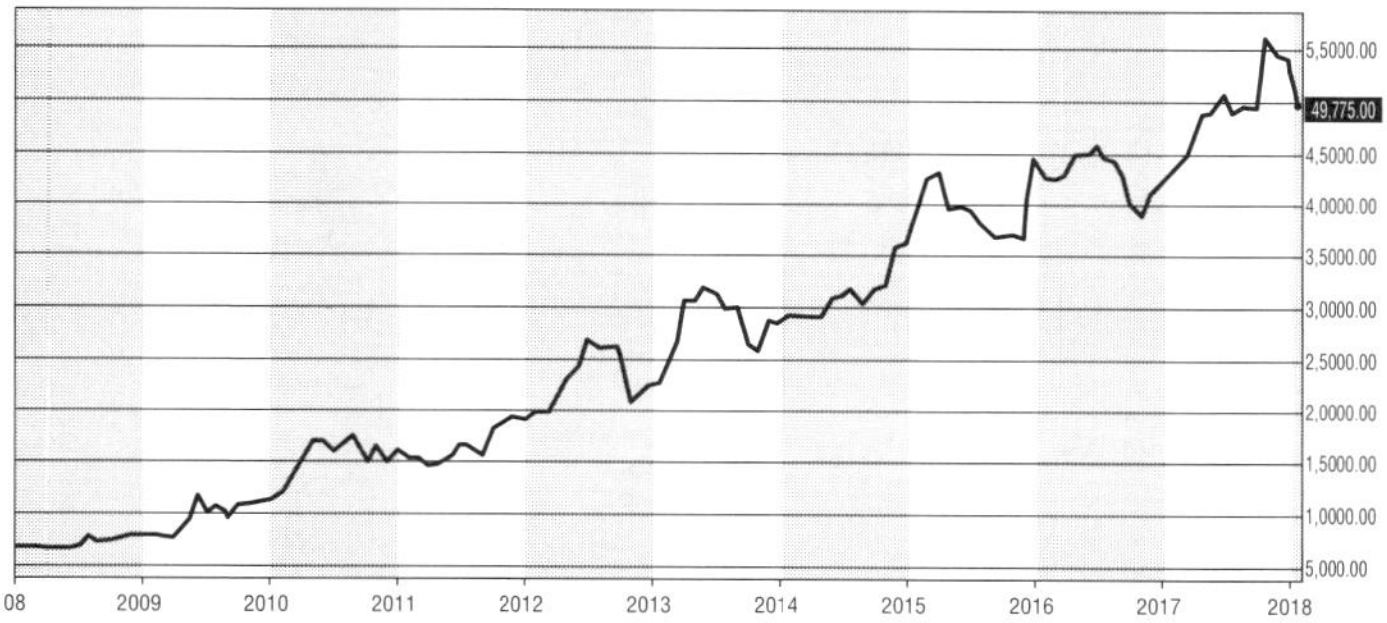

・人口世界第３位のインドネシアで展開するユニリーバ
・日用品、食料品を展開しており、安定した売上成長が見込まれる
・人口増が予想されるインドネシアで事業の成長も見込み大
・株価は高値で推移しているため、暴落時の割安状態が狙い目

アルティメット・ソフトウェア・グループ
The Ultimate Software Group, Inc. (ULTI)

小型成長株

余裕がある
上級者

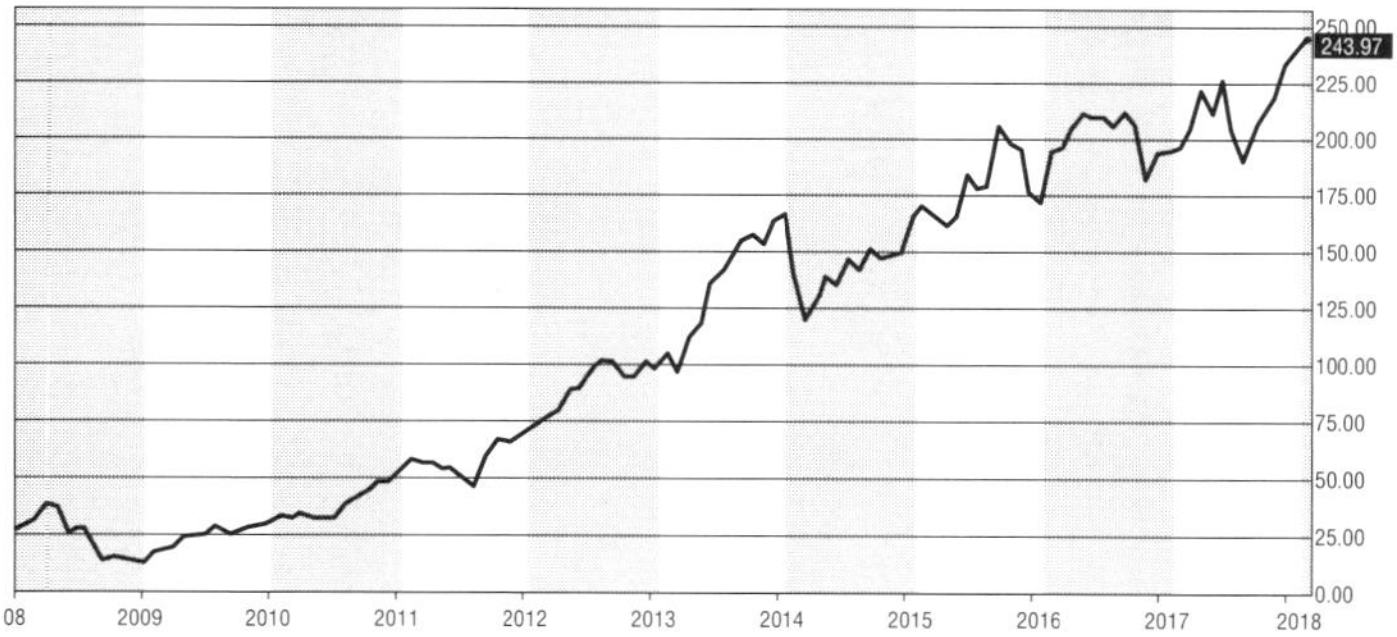

・米フロリダ州のソフトウェア会社で、人材管理ソフトウェアの提供と運用が事業主体
・『フォーブス』誌の「世界で最も革新的な成長企業」（2017 年版）で７位
・「カルガモ親子投資法」で 2013 年９月に見つけ出し、購入

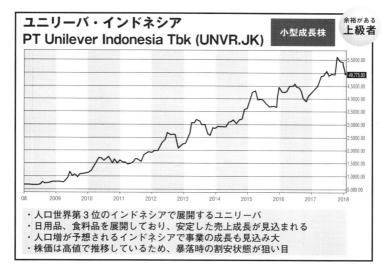

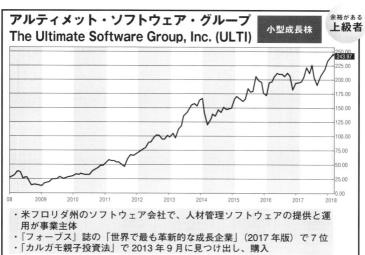

おわりに

ここまでお読みいただいた読者の方々、いかがでしたでしょうか。

本書では、次のふたつのテーマをもって、筆を進めてきました。

「投資を楽しむ」ということ
「価値」と「価格」の違いとは何かということ

前者の「投資を楽しむ」というテーマは、趣味として資産形成をやっていこうという前向きな気持ちを表しています。

昨今の世の中に流れるニュースは、老後の破綻や長生きによるリスクなど、暗い話題がますます多くなってきました。そのような後ろ向きの話題をもとにして、自己防衛のために無理して資産形成、投資せざるを得ない雰囲気が漂っています。

本書は、そんな雰囲気を打破すべく、できるだけ平易に投資の楽しみ方を示しました。また、成功本が多いなかで、自分自身の失敗談も極力ありのままに記述したつもりです。

失敗しても楽しく学べるのが投資ですし、学び続ければ失敗で得た知識によって将来必ず適切なリターンがあります。まさに、「失敗は成功のもと」ということですね。

そういう意味で、本書の投資法に出てくる「平均回帰の法則」は、投資においてのみ生きてくる法則ではなく、人間の生き方そのもの、人生そのものにおいても生きてくる。つまり「カオスな現象」に対応できる有効な法則だといえるでしょう。

後者の「価値」と「価格」の違いというテーマは、株式投資であれば、「企業価値」と「株価」の違いでしょうか。このふたつは常にかい離が起きていて、間違った値づけが日々起きています。単純に見える日常の生活も、突如として予想ができない出来事が起きますし、そんな状況に人間は右往左往するものです。

このような「カオスな現象」に対応するもうひとつの解決法として、本書では、

日本人の寛容な心で投資に向き合う

ことを提唱してきました。皆さんも、本書の登場人物であるミスターマーケットには耳を貸さず、寛容で気楽なミセスウェザーのような投資を目指してください。

私が手探りで進めてきた本書の投資法は、ＧＡＲＰ（Growth at a Reasonable Price）という戦略に基づいた投資ジャンルに当たるそうです。成長する企業を安いうちに購入する。そして価格の上げ下げに惑わされずに長期保有し、成長を享受するというものです。

投資と天気の類似性から生み出された本書の投資法をぜひ身につけて、豊かな人生を送る手助けにしてください。

なお、「重み付け投資法」で活用させていただいた標準偏差を用いる方法は、龍谷大学竹中正治教授のアイデアをアレンジして作成させていただきました。

最後に、この投資法の日々の最新情報は、私のブログ「Fair Value Investment 公正価値投資」（http://fairvalueinvestment.blogspot.jp/）にて紹介しています。

また、私が所属する「一般財団法人日本気象協会」の天気の情報は、tenki.jp（https://tenki.jp/）から取得いただけますと幸いです。

森和夫

2018年5月

●著者略歴
森　和夫（もり・かずお）
1968年、名古屋生まれ。気象予報士。筑波大学第一学群自然学類卒。気象学専攻。体育会アイスホッケー部主将。一般財団法人日本気象協会に勤務。ラジオ出演などのマスメディア対応の部署を経験し、現在は、財務管理部門にて財務諸表の作成、管理会計の実務に携わる。大学時代の研究テーマは「20世紀100年間の北半球気温における気候ジャンプについて」で、非線形方程式に支配される場におけるカオスな現象を抽出。現職では気象情報部門のWEBシステム立ち上げから事業、財務のマネジメントを手掛ける。
投資歴約15年。バリュー投資をベースに、リスクを考慮した成長株投資・配当重視投資のバランス型運用を実践。平均10%、近年実績16.5%のリターンで資産を4倍に増やす。

編集協力：望月 太一郎
イラスト：かたおか もえこ

株は「ゲリラ豪雨」で買い、「平均気温」で儲ける！

2018年6月1日　第1刷発行

著　者　　森 和夫
発行者　　唐津 隆
発行所　　株式会社ビジネス社
〒162-0805　東京都新宿区矢来町114番地 神楽坂高橋ビル5階
電話　03-5227-1602　FAX　03-5227-1603
http://www.business-sha.co.jp

印刷・製本／三松堂株式会社　〈カバーデザイン〉大谷昌稔
〈本文組版〉茂呂田剛（エムアンドケイ）
〈編集担当〉大森勇輝　〈営業担当〉山口健志

ISBN978-4-8284-2017-2